METODOLOGIA da PESQUISA-AÇÃO

Dados Internacionais de Catalogação na Publicação (CIP)
(Câmara Brasileira do Livro, SP, Brasil)

Thiollent, Michel
Metodologia da pesquisa-ação / Michel Thiollent. -- 19. ed. -- São Paulo : Cortez Editora, 2025.

Bibliografia.
ISBN 978-65-5555-578-3

1. Pesquisa-ação 2. Pesquisa - Metodologia 3. Pesquisa social I. Título.

25-267916 CDD-001.42

Índices para catálogo sistemático:

1. Metodologia da pesquisa-ação 001.42
2. Pesquisa-ação : Metodologia 001.42

Cibele Maria Dias - Bibliotecária - CRB-8/9427

Michel Thiollent

METODOLOGIA da PESQUISA-AÇÃO

19ª edição

Edição comemorativa dos 40 anos da 1ª edição (1985)

São Paulo – SP

2025

CORTEZ EDITORA

METODOLOGIA DA PESQUISA-AÇÃO
Michel Thiollent

Direção editorial: Miriam Cortez
Coordenação editorial: Danilo A. Q. Morales
Preparação de originais: Ana Paula Lucciano
Revisão: Tatiana Tanaka
Tuca Dantas
Projeto gráfico e diagramação: Linea Editora
Capa: de Sign Arte Visual

Direitos para esta edição
CORTEZ EDITORA
Rua Monte Alegre, 1074 — Perdizes
05014-001 — São Paulo — SP
Tel.: (11) 3864-0111 Fax: (11) 3864-4290
E-mail: cortez@cortezeditora.com.br
www.cortezeditora.com.br

Impresso no Brasil — agosto de 2025

Sumário

APRESENTAÇÃO DA 19ª EDIÇÃO COMEMORATIVA DOS 40 ANOS DE *METODOLOGIA DA PESQUISA-AÇÃO*

O livro *Metodologia da pesquisa-ação* foi publicado pela primeira vez em 1985, graças ao entusiasmo do Sr. José Xavier Cortez. Desde então, teve 18 edições e várias reimpressões. Em 2025, comemoram-se os 40 anos de existência e circulação dessa obra, que é citada milhares de vezes em livros, artigos, teses, dissertações de diversas áreas: educação, ciências sociais aplicadas, ciências de saúde, ciências ambientais, desenvolvimento social, direitos humanos, práticas culturais e artísticas, entre muitas outras.

Tudo isso começou depois do Seminário Nacional de Pesquisa Participativa, realizado em 1984, em Brasília (DF), e organizado pelo Instituto Nacional de Estudos e Pesquisas Educacionais Anísio Teixeira (Inep), então dirigido pelo Professor Pedro Demo, que me convidou para falar de metodologia alternativa naquele contexto dos anos finais do regime militar.

A partir de 1975, quando cheguei ao Brasil vindo da França como professor contratado pela Universidade Estadual de Campinas (Unicamp), eu estava estudando metodologia de pesquisa em ciências sociais para ministrar uma disciplina do Departamento de Sociologia do Instituto de Filosofia e Ciências Humanas, onde lecionei entre 1975 e 1979. Acabei também ministrando várias disciplinas de metodologia com base em autores críticos das décadas de 1960 e 1970. O que resultou desse trabalho de ensino foi organizado em uma coletânea de textos sob o título *Crítica metodológica, investigação social e enquete operária*, publicada em 1980, pela Editora Pólis. Esse foi o primeiro livro que teve um grande sucesso, com cinco edições entre 1980 e 1986. Não foi reeditado depois, devido ao fechamento da editora. Nele, eu apresentava uma crítica ao empiricismo, e mostrava as distorções em técnicas de entrevista e questionário. Ainda não tratava explicitamente de pesquisa-ação, mas havia um debate sobre o que seria uma pesquisa de um ponto de vista marxista, à luz de discussão ocorrida no início da década de 1960, na Itália, na revista *Quaderni Rossi,* principalmente nos artigos de Dario Lanzardo e Raniero Panzieri, que haviam discutido a *Enquete operária,* de Marx, e viam aproximação com uma possibilidade de pesquisa de intervenção, junto à classe operária, para buscar compreender a visão dos trabalhadores no que concerne às suas condições de trabalho e de vida frente ao capitalismo.

Em parte, aquele livro anunciava a possibilidade de elaborar um tipo de pesquisa mais interveniente, como a pesquisa-ação. No início da década de 1980, a metodologia da pesquisa participante já havia sido tema de discussão, no contexto da II Conferência Brasileira de Educação, realizada em 1982, em Belo Horizonte (MG), da qual participei. Naquela ocasião, pude manter rica interlocução, especialmente, com dois professores da Unicamp: Moacir Gadotti, da Faculdade de Educação, e Carlos Rodrigues Brandão, do Departamento de Antropologia, o qual havia publicado um livro sobre a pesquisa participante na América Latina e no Brasil. Era um momento de intenso debate que correspondia também à volta de Paulo Freire do exílio e à sua atuação no Brasil.

Em 1984, quando se realizou o Seminário Nacional de Pesquisa Participativa em Brasília, eu ainda não havia publicado um livro específico sobre a pesquisa-ação. Fiz uma exposição oral sobre a metodologia participativa e a pesquisa-ação do jeito que eu as entendia. Vários professores, principalmente Walter Garcia, disseram que eu precisava publicar um livro de introdução a esse tipo de pesquisa, que ainda parecia um pouco nebulosa. Assemelhava-se a uma forma de pesquisa participante, porém mais voltada para uma ação planejada, determinada, elaborada pelos pesquisadores junto às comunidades ou aos grupos interessados nos problemas a serem investigados. Aceitei, então, o convite.

Rapidamente escrevi o livro. Não tinha computador naquele tempo e datilografei o manuscrito na pequena máquina de escrever Olivetti Lettera 32. Revisado e publicado em 1985, pela Cortez Editora, foi um grande sucesso editorial. As primeiras edições foram logo esgotadas.

Essa publicação também me rendeu vários convites. Naquele momento, eu já estava trabalhando como professor na Universidade Federal do Rio de Janeiro (UFRJ), em área tecnológica, e, ao longo das décadas de 1980 e 1990, fui convidado para tratar de pesquisa-ação por docentes de diversas universidades brasileiras e áreas de atuação.

Publiquei também vários artigos específicos em diversas áreas em que se pretendia aplicar essa metodologia de pesquisa. Na área tecnológica, por exemplo, discutiu-se como as interfaces homem-máquina podiam ser pensadas à luz da pesquisa-ação. Nos dias atuais, essa metodologia de pesquisa e o *design* participativo são internacionalmente aplicados em áreas de tecnologia social, desenvolvimento sustentável, agroecologia, entre outras similares.

A segunda metade dos anos 1980 correspondeu a um momento de redemocratização do Brasil em educação e no conjunto da vida política e social. As primeiras edições do livro *Metodologia da pesquisa-ação* encontraram um clima favorável nesse contexto. A abordagem é mais micro do que macrossociológica, oferecendo um passo a passo bastante simples para organizar um projeto capaz de mobilizar, ouvir as pessoas envolvidas, como educandos, educadores, trabalhadores, moradores, e foi discutida inclusive na área de agricultura popular. Era comum ouvir a expressão "dar voz e vez". A pesquisa-ação pretendia dar voz e vez às pessoas de modo geral. Não sei se isso foi alcançado em grande escala, mas foi um esforço norteado por esse tipo de objetivo, em perspectiva democratizante relacionada com as discussões preparatórias da Assembleia Nacional Constituinte (1987-1988) no Brasil.

Ao longo dos 40 anos de circulação do livro, aconteceram muitas mudanças e fatos históricos. Houve — e ainda há — momentos de ressurgimento do neoliberalismo e do autoritarismo e, também, momentos de democratização sob a forma, por exemplo, de políticas públicas de ações afirmativas, como as cotas sociais e étnico-raciais, que se manifestam nas universidades brasileiras com o ingresso de estudantes antes excluídos. Nesse contexto, projetos e programas, como os de extensão universitária, tendem a melhorar a inserção da universidade nos problemas reais da sociedade. A pesquisa-ação e o planejamento participativo ganharam maior espaço. Foram organizados vários Seminários de Metodologia de Projetos de Extensão (SEMPEs). Discutia-se a possibilidade de usar, de modo mais sistemático, a pesquisa-ação nas atividades universitárias. Esses seminários foram conduzidos, entre 1996 e 2010, com o apoio de Pró-Reitorias de Extensão da UFRJ, da Universidade Federal de São Carlos, da Universidade Federal da Paraíba, da Universidade Federal do Rio Grande do Norte e de outras entidades.

Em 2016, junto ao Centro de Tecnologia da UFRJ, foram criados o Núcleo Interdisciplinar para o Desenvolvimento Social (NIDES) e o Programa de Pós-Graduação em Tecnologia e Desenvolvimento Social, em que se aliam estudos de tecnologia e de desenvolvimento social com vários projetos em áreas rurais, pesca artesanal e comunidades urbanas, recorrendo, em proporções variáveis, à pesquisa-ação como metodologia de referência.

Nas últimas décadas, pode-se observar que a metodologia da pesquisa-ação se ampliou e se diversificou. Grandes seminários latino-americanos e internacionais foram organizados na Colômbia. Orlando Fals Borda cunhou o conceito de Investigación-Acción Participativa (IAP). Nos Estados Unidos, foi criada a Action Research Network of the Americas (ARNA), em conexão com a América Latina. De Portugal, a rede

EstreiaDiálogos desenvolve a investigação-ação colaborativa e a difunde no mundo lusófono. Também se desenvolveu a pesquisa-ação colaborativa na Europa, com base no Collaborative Action Research Network (CARN). Nos Estados Unidos, desenvolveu-se a pesquisa-ação colaborativa-crítica inspirada em Kenneth Zeichner. Na França, o legado de Henri Desroche torna possível a pesquisa-ação cooperativa. No Canadá, André Morin desenvolveu a pesquisa-ação integral e sistêmica. No Brasil, foi resgatada a contribuição de João Bosco Guedes Pinto em pesquisa-ação para áreas rurais. Existem maior diversificação e mais denominações. Isso é uma riqueza. Não considero que uma definição da pesquisa-ação seja mais importante que as demais. Todas são relevantes. Podem enfocar alguns aspectos diferenciados. Temos de agregar, adensar as propostas de pesquisa participativa e pesquisa-ação, sem criar conflitos desnecessários entre subtendências. As experiências deveriam ser organizadas de maneira mais convergente do que divergente.

É possível observar, então, que a pesquisa-ação e a pesquisa participativa continuam sendo boas propostas metodológicas, bastante difundidas. Nem sempre são aplicadas de modo sistemático e profundo, mas pelo menos estão no horizonte das motivações metodológicas de muitos pesquisadores também das áreas sociais, como organização, economia solidária, tecnologias sociais, sem esquecer todas as demais já mencionadas.

A pesquisa-ação ainda tem futuro. É preciso revisar os princípios já antigos, como os que constam neste livro escrito em 1985, e sempre ficar aberto às novidades, inclusive a grandes expectativas, entre elas: como a pesquisa-ação vai entrar e conviver na Era Digital? A pesquisa-ação tem uma proposta de trabalho presencial. Nos anos 1950-1960, não existia computador à disposição de pesquisadores sociais. Essa discussão de como aproximar a pesquisa-ação das tecnologias digitais é um assunto que está totalmente aberto. Penso que o computador não pode substituir o ser humano. O diálogo tem de ser principalmente presencial. O Google

Forms não resolve a coleta de dados numa perspectiva de pesquisa-ação. Há restrições e adaptações a serem consideradas.

Outra questão importante que se observa nas agendas da pesquisa--ação, no contexto atual, é o enquadramento das práticas investigativas em critérios éticos, com submissão a Comitês de Ética em Pesquisa (CEPs) das universidades. Há certos problemas ainda mal resolvidos. Muitos desses comitês não estão sabendo o que é pesquisa-ação. Alguns pareceristas questionam: com que legitimidade um pesquisador quer interferir na vida dos outros? Esse tipo de questionamento pode ser válido, mas temos de criar, para a metodologia da pesquisa-ação e da pesquisa participante, uma ética compatível com os propósitos e os alcances coletivos desses tipos de pesquisa. A ação decorrente da pesquisa só acontece se houver vontade e mobilização dos participantes, e não imposição dos pesquisadores ou de agentes institucionais externos. A questão ética não se limita ao consentimento individual, livre e esclarecido, pois está relacionada com um projeto de participação coletiva, social e politicamente articulado. A atual prática dos CEPs acaba, às vezes, inibindo pesquisas mais independentes, e muitos estudantes se limitam à pesquisa documental, sem pesquisa de campo, sem diálogo com ninguém. A meu ver, isso pode ser um retrocesso, considerando as grandes expectativas que existiam desde os anos 1960, 1970 e 1980 em torno da pesquisa participativa e da pesquisa-ação. É um assunto complexo que precisa ser discutido.

Nos últimos tempos, também novas questões transversais se manifestam com maior relevância social e cultural, abrindo novas frentes de pesquisa. É o caso da questão étnico-racial nas comunidades e na vida das instituições, bem como da questão da diversidade de gênero e cultural. Embora antigas, essas questões não estavam no centro das preocupações dos cientistas sociais e profissionais das áreas envolvidas. Atualmente, são consideradas centrais em pesquisas e práticas de diferentes áreas sociais e culturas. Ainda não há muitos exemplos para mostrar, mas há indicativos de ser bem factível, em curto prazo, a elaboração de projetos de pesquisa participativa e de pesquisa-ação com comunidades discriminadas ou desfavorecidas, grupos vulneráveis ou oprimidos. Poderiam ser realizadas atividades como reuniões, seminários, coleta de dados, discussões coletivas de resultados sobre a realidade objetiva observada e as percepções subjetivas das situações. Com base nas informações processadas em grupo por pesquisadores e representantes das situações-problema (por exemplo, uma situação na qual o racismo ou a violência contra mulheres se manifestam), poderiam ser elaborados, tais como planos de formação, programas de extensão universitária, apoio a estratégias de movimentos sociais e políticas públicas de inclusão e defesa de direitos humanos.

O lançamento desta 19ª edição é uma ocasião para rever o caminho percorrido pelo livro e pela pesquisa-ação, e retomar a interlocução com os pesquisadores e as comunidades interessados. Foram mantidos aqui os capítulos, a apresentação e o posfácio disponíveis nas edições anteriores do livro. Na apresentação da 18ª edição, de 2011, tratei mais detalhadamente de questões conceituais sobre o método e a metodologia desse tipo de pesquisa, aspectos de seu desenvolvimento e aplicações em diferentes áreas e contextos político-sociais, até aquele momento. No posfácio à 11ª edição, de 2005, apresentei e problematizei novas questões, tais como: pesquisa-ação e metodologia participativa, ampliação e diferenciação das áreas de aplicação, incluindo ensino, pesquisa e extensão universitária, diferenças culturais e relacionamento intercultural, significado das mudanças e transformações propostas, questões éticas e de engajamento. Foram também inseridas referências atualizadas sobre o assunto. No entanto, essas questões merecem ser retomadas e atualizadas, pois não se trata de apenas repetir a "receita", os procedimentos, as técnicas. É necessário questionar e pesquisar novas frentes: (a) como a pesquisa-ação pode entrar na Era Digital; (b) como pode se desenvolver no âmbito da ética de pesquisa, sem falsidade ideológica, nem manipulações; (c) como elaborar e desenvolver projetos de pesquisa-ação sobre questões relacionadas com a discriminação étnico-racial e de gênero.

Esta edição comemorativa dos 40 anos de *Metodologia da pesquisa-ação* é, portanto, também um convite para lembrar que é necessário avançar mais nesse tipo de alternativa metodológica. É preciso lembrar o que foi e o que é, para esboçar o que ainda pode vir a ser a pesquisa-ação.

Michel Thiollent

Professor aposentado da Universidade Federal do Rio de Janeiro. Professor visitante sênior do Programa de Pós-Graduação em Serviço Social da Universidade Federal da Bahia.

6 de janeiro de 2025.

APRESENTAÇÃO DA 18ª EDIÇÃO

A cada reedição deste livro, fico feliz e, ao mesmo tempo, preocupado: feliz, porque, mais uma vez, isso confirma a utilidade da pesquisa-ação e da discussão de sua metodologia na formação de milhares de estudantes de Ciências Sociais aplicadas e de profissionais em diversas áreas de atuação; preocupado, porque o tempo está passando e há tantas novas abordagens e novas técnicas de pesquisa qualitativa que o livro cuja primeira edição data de 1985 evidentemente não abrange e pode, assim, parecer ultrapassado. De fato, seria bom escrever um livro inteiramente novo, mas os percalços da vida acadêmica nem sempre deixam ao docente universitário o tempo e a liberdade suficientes para escrever livros introdutórios, ou didáticos, pouco valorizados na corrida à publicação. Para que este prefácio não se limite a considerações de satisfação ou de lamento, darei algumas indicações na perspectiva de uma possível atualização da pesquisa-ação, reforçando sugestões apresentadas no Posfácio à 14ª edição.

O método de pesquisa-ação consiste essencialmente em elucidar problemas sociais e técnicos, cientificamente relevantes, por intermédio de grupos em que encontram-se reunidos pesquisadores, membros da situação-problema e outros atores e parceiros interessados na resolução dos problemas levantados ou, pelo menos, no avanço a ser dado para que sejam formuladas adequadas respostas sociais, educacionais, técnicas e/ou políticas. No processo de pesquisa-ação estão entrelaçados objetivos de ação e objetivos de conhecimento que remetem a quadros de referência teóricos, com base nos quais são estruturados os conceitos, as linhas de interpretação e as informações colhidas durante a investigação.

De passagem, nota-se que a pesquisa-ação pode ser concebida como *método*, isto quer dizer um caminho ou um conjunto de procedimentos para interligar conhecimento e ação, ou extrair da ação novos conhecimentos. Do lado dos pesquisadores, trata-se de formular conceitos, buscar informações sobre situações; do lado dos atores, a questão remete à disposição a agir, a aprender, a transformar, a melhorar etc. Além de uma simples coleta de dados, a pesquisa-ação requer um longo trabalho de grupos reunindo atores interessados e pesquisadores, educadores e outros profissionais qualificados em diferentes áreas. No título do livro, usei o termo *metodologia da pesquisa-ação* entendido, sobretudo, como discussão ou reflexão sobre o método, descrevendo suas características, avaliando méritos e limitações, comentando os contextos de aplicação. Frequentemente, existe alguma confusão entre a noção de *método* e a de *metodologia*. Isto é reconhecido, inclusive, em definições de dicionários. Adotamos a seguinte distinção: o *método* é o caminho prático da investigação; por sua vez, a *metodologia*, relacionada com epistemologia, consiste na discussão dos métodos.

Nas duas últimas décadas, alguns fatos marcaram a evolução da pesquisa-ação. As áreas mais tradicionais em que se aplica esse método continuam as de educação, formação de adultos, serviço social, extensão ou comunicação rural. Todavia, houve diversificação e ampliação das áreas: ciências ambientais, ciências da saúde (enfermagem, promoção da saúde, medicina coletiva), estudos organizacionais, ergonomia e engenharia de produção, estudos urbanos, desenvolvimento local, economia solidária, direitos humanos, práticas culturais e artísticas.

Uma tendência que também se fortaleceu é o uso da pesquisa-ação em projetos e programas de extensão universitária, área de atividade variada que se estruturou em universidades públicas e particulares, não reduzida à simples prestação de serviços. Encontrou apoio do governo no quadro de políticas públicas. Nesse contexto, a pesquisa-ação não se limita mais a fomentar pequenos projetos ou de pouca visibilidade, para se tornar um quadro de referência metodológico em projetos e programas sociais de grande porte, apoiado por reitorias e órgãos do poder público. Isso representa um grande desafio para aqueles (como eu) que estavam acostumados a trabalhar junto a grupos de menor dimensão. É preciso enfrentar novas questões políticas ou estratégicas (Quem decide? Como a base é representada? Quais são as formas de participação?) e operacionais (Como são coletados os dados e gerados os resultados? Como usar *softwares* específicos para pesquisa qualitativa? Como aplicar tecnologias de informação e comunicação para facilitar a interação de grupos e pessoas em redes e a distância?).

Em projetos sociais, especialmente os de grande porte, em assessorias a políticas públicas, algumas vezes, há risco de confusão entre a exigência de conhecimento cientificamente embasado e a expressão de interesses políticos que podem se revelar triviais, passageiros ou, até mesmo, enganosos. Diante disso, é preciso reafirmar o compromisso social e científico da pesquisa-ação. Discordamos de colegas que consideram a pesquisa-ação como simples atividade de intervenção social, calcada na visão de atores, que não teria contas a prestar às instâncias de pesquisa científica e não precisaria validação ou reconhecimento acadêmico.

Seja qual for seu grau de intensidade, a vontade de pesquisar e de transformar situações não significa "fazer agitação" ou "propaganda" a favor de soluções preestabelecidas que, na maioria das vezes, revelam-se ilusórias. Não existe neutralidade na pesquisa social em geral, e tampouco na pesquisa-ação, mas isso não significa que tal proposta metodológica deva se confundir com as vontades (ou veleidades) de tal ou qual entidade política ou religiosa. Por meio de um maior grau de exigência metodológica e científica, podemos evitar certas manipulações ou vieses indesejáveis. Em particular, é preciso evitar que a pesquisa-ação esteja posta a serviço de propostas populistas e, por vezes, comunitaristas, deixando lideranças mais ou menos carismáticas se apoiarem em resultados de pesquisa e de ações para fazer prevalecer seus fins particulares (acesso ao poder e concentração de recursos), sempre em nome do povo ou das comunidades. O pretenso diálogo pode virar monólogo para os seguidores espalharem falsas promessas contra a pobreza e promoverem novas formas de dominação e de conformismo.

No plano do conhecimento, foi alguma vez objetado contra a nossa proposta dos anos 1980 um excesso de objetivismo ou de realismo. Talvez certas formulações enfatizando o caráter objetivo da realidade, independentemente de nossa consciência ou de nossa vontade, podem induzir a esse tipo de apreciação. No entanto, cada vez mais, não se deve esquecer que, mesmo sendo objetiva, a realidade dá lugar a representações construídas com base no conhecimento humano. Os conceitos e resultados de pesquisa são construções. No caso da pesquisa-ação, trata-se de construções complexas, relacionadas com as visões dos atores e as conceituações dos pesquisadores, o todo mutável no decorrer da ação. Nesse contexto, a realidade não pode ser considerada como independente da consciência humana como se fosse um amontoado de pedras no solo de outro planeta.

No entanto, esse tipo de argumento não abre a porta ao subjetivismo radical segundo o qual a realidade seria uma mera questão de visão ou de vontade do sujeito. A pesquisa-ação se apresenta como método de pesquisa inserida em práticas ou ações sociais, educacionais, técnicas, estéticas etc. Ao longo dos anos, ela tem sido enriquecida nas encruzilhadas de várias tendências filosóficas. Hoje, ela pode se distanciar tanto do objetivismo quanto do subjetivismo, encontrando certa afinidade com o construtivismo social.

A leitura deste livro pode ser considerada como convite ou introdução para uma capacitação em pesquisa-ação, que só se efetivará mediante experiências a serem adquiridas na prática, colaborando ou participando em projetos sobre problemas reais e vividos por atores sociais bem identificados. É também aconselhável ampliar uma formação metodológica mais completa, em seus aspectos quantitativos e qualitativos, incluindo a literatura existente sobre pesquisa participante, planejamento participativo, método de estudo de caso, grupos de foco e outras técnicas semelhantes.

Podemos recomendar livros traduzidos e publicados de autores como André Morin (2004), Khalid El Andaloussi (2004), Hugues Dionne (2007). Ainda temos que resgatar importantes subsídios para pesquisa-ação e educação em João Bosco Pinto (1937-1995) a serem publicados.

Finalizando o prefácio desta nova edição, volto a salientar que, no atual contexto marcado por transformações rápidas e uma grande diversidade de iniciativas sociais, a pesquisa-ação continua bastante solicitada como meio de identificação e resolução de problemas coletivos e como forma de aprendizagem dos atores e dos pesquisadores (profissionais ou estudantes). Com as novidades científicas e técnicas que surgem todo dia, a atualização metodológica da pesquisa-ação é necessária e passa pela contínua (re)discussão de seus fundamentos teóricos, filosóficos, éticos e de seu aprimoramento no plano das técnicas de coleta e processamento de dados. Esse esforço de atualização é muito vasto e só poderá ser coletivo. Que todos os interessados participem!

Michel Thiollent

Rio de Janeiro, 15 de fevereiro de 2011.

PREFÁCIO

QUARENTA ANOS DEPOIS

Fiquei realmente muito feliz com o convite de Michel Thiollent para prefaciar este livro numa data comemorativa, o que me permitiu revisitar essa temática e, ao mesmo tempo, dar um testemunho da importância e da vigência da sua obra. Ao reler este livro, dos anos 80 de século passado, percebi o quanto ele é atual e necessário. Tornou-se um clássico na área. Escrito com rigor científico e, concomitantemente, com empenho ético-político-pedagógico, ele permaneceu vivo e merece essa celebração.

Destaco a preocupação de Thiollent em definir o método como uma questão ético-política e não puramente instrumental, como diria Jürgen Habermas, uma teoria, uma estratégia e um método de conhecimento não apenas de ensino-aprendizagem e pesquisa. Daí a sua preocupação com o papel das metodologias e as exigências científicas da produção do conhecimento, associadas a uma nova visão do que é rigor nessa produção e sua incidência sobre a práxis, ação mais reflexão. Como diria Antonio Gramsci, não basta compreender a realidade de outra maneira, é preciso fazer algo para mudá-la, para o bem viver de todos e de todas, e para a saúde do planeta como ser vivo e em evolução. Encontramos em Michel Thiollent essa preocupação primordial com o papel da ciência, da tecnologia e da metodologia. Diz ele na página 43 da primeira edição (1985): "a investigação está valorativamente inserida numa política de transformação".

Escrito na efervescência político-pedagógica dos anos 1970-1980, o livro passou pelos anos 1990, que prometiam "o fim da história", e chega aos dias atuais cheio de vitalidade, como algo novo, não como uma novidade passageira. Ele se reinventa, recria, refaz e continua vivo em práticas de pesquisa que atravessam as fronteiras das ciências, das artes, das profissões e de diferentes áreas. Como o autor reconhece, não é uma obra que nada sozinha contra a correnteza. Como uma criação coletiva, está, entre outras, ao lado da pesquisa participante de Carlos Rodrigues Brandão e de Marcela Gajardo; da ação cultural e da investigação alternativa de Paulo Freire; da pesquisa participativa de João Bosco Pinto; da investigação-ação participativa de Orlando Fals Borda; da pesquisa social e ação educativa do Instituto de Ação Cultural; da escuta territorial do Instituto Paulo Freire... Enfim, vários nomes do horizonte comum de numerosas teorias e práticas sociais transformadoras.

A pesquisa-ação implica, por parte do pesquisador, a capacidade para ver, ouvir, posicionar-se e interagir. E, no caso das ciências sociais e da educação, saber que estamos trabalhando com pessoas sentipensantes, sujeitos da sua própria história.

Trata-se de um texto didático, no sentido pleno e original do termo, como arte de aprender-ensinar, da dodiscência de que nos fala Paulo Freire. O livro não deixa o leitor na mão. Descreve fases e etapas da pesquisa respondendo à pergunta que nós, educadores e educadoras, estamos acostumados(as) a ouvir: como fazer? Não fica apenas na concepção da pesquisa-ação. Ele alerta, na introdução, que se trata de uma forma de ação planejada, de caráter social, educacional e técnico, em busca de soluções a problemas reais com os quais nos deparamos. Embora privilegie o lado empírico, sua abordagem implica uma teoria do conhecimento na qual esse empírico faz sentido. Diz ele que a pesquisa-ação não se limita aos aspectos práticos. A mediação teórico-conceitual permanece em todas as fases e etapas da pesquisa. É assim que define o lugar da teoria nessa estratégia de conhecimento e suas possíveis aplicações práticas na educação, na comunicação, no trabalho social, na estrutura e no funcionamento dos sistemas, no desenvolvimento rural e na difusão das tecnologias, nas práticas políticas e outras, como a extensão universitária.

A preferência do autor é por técnicas coletivas, o que não exclui técnicas individuais que também podem ser utilizadas de modo crítico. Ele exclui a objetividade estática porque a realidade não é fixa; e porque a ciência e a técnica não são neutras. Ao contrário, são históricas e supõem um papel ativo dos pesquisadores. A metodologia não se limita a uma forma empiricista. Ele não vê contradição entre reafirmar as exigências do espírito científico e reabilitar o papel da argumentação na pesquisa.

Michel Thiollent, que conheci em 1978 na Universidade Estadual de Campinas, tem muitas histórias para contar sobre este livro que floresceu nos mais variados solos. Esta obra continua vigente, porque encontra amparo numa visão de mundo, numa cosmovisão, colocando-se de forma humilde diante do universo que se encontra fora de nós e, ao mesmo tempo, dentro de cada um de nós, e admitindo, na sua conclusão, que faltam muitos aspectos a abordar para uma visão completa do tema. Desde 1985 até hoje, esses aspectos vêm sendo completados e aperfeiçoados em numerosas práticas, acompanhadas ou não pelo autor que, neste momento, deve sentir-se orgulhoso de um "filho" que completa 40 anos de vida.

Com afeto.

Moacir Gadotti

São Paulo, 17 de janeiro de 2025, dia do nascimento de meu neto que é chamado por Theo.

INTRODUÇÃO

O presente trabalho consiste em apresentar e discutir vários temas relacionados com a metodologia da pesquisa social, dando particular destaque à pesquisa-ação, enquanto linha de pesquisa associada a diversas formas de ação coletiva que é orientada em função da resolução de problemas ou de objetivos de transformação.

Hoje em dia, no Brasil e noutros países, a linha da pesquisa-ação tende a ser aplicada em diversos campos de atuação: educação, comunicação, organização, serviço social, difusão de tecnologia rural, militância política ou sindical etc. No entanto, a pesquisa-ação ainda está em fase de discussão e não é objeto de unanimidade entre cientistas sociais e profissionais das diversas áreas.

Em muitos lugares, continuam prevalecendo as técnicas ditas convencionais que são usadas de acordo com um padrão de observação positivista no qual se manifesta uma grande preocupação em torno da quantificação de resultados empíricos, em detrimento da busca de compreensão e de interação entre pesquisadores e membros das situações investigadas. Essa busca é justamente valorizada na concepção da pesquisa-ação. Todavia, queremos deixar bem claro que esta linha de pesquisa não é única e não substitui as demais. O estudo de sua metodologia é apenas um tópico entre os diferentes tópicos da metodologia das ciências sociais.

Um dos aspectos sobre os quais não há unanimidade é o da própria denominação da proposta metodológica. As expressões "pesquisa participante" e "pesquisa-ação" são frequentemente dadas como sinônimas. A nosso ver, não o são, porque a pesquisa-ação, além da participação, supõe uma forma de ação planejada de caráter social, educacional, técnico ou outro, que nem sempre se encontra em propostas de pesquisa participante. Seja como for, consideramos que pesquisa-ação e pesquisa participante procedem de uma mesma busca de alternativas ao padrão de pesquisa convencional. Não estamos propensos a atribuir muita importância aos "rótulos". Mediante a aplicação dos princípios metodológicos aqui em discussão, achamos que outro modo de designação possa ser cogitado, mas ainda não o encontramos.

A pesquisa-ação e a pesquisa participante estão ganhando grande audiência em vários meios sociais. Ainda é cedo para se ter uma avaliação da amplitude e dos resultados realmente alcançados. Do lado oposto, alguns partidários da metodologia convencional veem na pesquisa-ação e na pesquisa participante um grande perigo, o do rebaixamento do nível de exigência acadêmica. Como veremos mais adiante, existem efetivos riscos e exageros na concepção e na organização de pesquisas alternativas: abandono do ideal científico, manipulação política etc. Nosso desafio consiste em mostrar que tais riscos, que também existem em outros tipos de pesquisa, são superáveis mediante um adequado embasamento metodológico.

Com o desenvolvimento de suas exigências metodológicas, as propostas de pesquisa alternativa (participante e ação) poderão vir a desempenhar um importante papel nos estudos e na aprendizagem dos pesquisadores e de todas as pessoas ou grupos implicados em situações problemáticas. Um dos principais objetivos dessas propostas consiste em dar aos pesquisadores e grupos de participantes os meios de se tornarem capazes de responder com maior eficiência aos problemas da situação em que vivem, em particular sob forma de diretrizes de ação transformadora. Trata-se de facilitar a busca de soluções aos problemas reais para os quais os procedimentos convencionais têm pouco contribuído. Devido à urgência de tais problemas (educação, informação, práticas políticas etc.), os procedimentos a serem escolhidos devem obedecer a prioridades estabelecidas a partir de um diagnóstico da situação no qual os participantes tenham voz e vez.

Para evitarmos alguns equívocos quanto ao real alcance da pesquisa-ação, limitaremos a sua pertinência à faixa intermediária entre o que é geralmente designado com nível microssocial (indivíduos, pequenos grupos) e o que é considerado como nível macrossocial (sociedade, movimentos e entidades de âmbito nacional ou internacional). Essa faixa intermediária de observação corresponde a uma grande diversidade de atividades de grupos e indivíduos no seio ou à margem de instituições ou coletividades. Entre as principais atividades consideradas, encontramos tudo o que é comumente designado como educação, trabalho, comunicação, lazer etc. Tal como a entendemos, a pesquisa-ação não trata de psicologia individual e, também, não é adequada ao enfoque macrossocial. Nas condições atuais, como proposta bastante limitada, não se conhecem exemplos de pesquisa-ação ao nível da sociedade como um todo. É apenas um instrumento de trabalho e de investigação com grupos, instituições, coletividades de pequeno ou médio porte. Contrariamente a certas tendências da pesquisa psicossocial, os aspectos sociopolíticos nos parecem ser mais pertinentes que os aspectos psicológicos das "relações interpessoais". Na abordagem da interação social, aqui adotada, os aspectos sociopolíticos são frequentemente privilegiados. O que não quer dizer que a realidade psicológica e existencial seja desprezada.

Do ponto de vista sociológico, a proposta de pesquisa-ação dá ênfase à análise das diferentes formas de ação. Os aspectos estruturais da realidade social não podem ficar desconhecidos, a ação só se manifesta num conjunto de relações sociais estruturalmente determinadas. Para analisar a estrutura social, outros enfoques, de caráter mais abrangente, são necessários.

Os temas e problemas metodológicos aqui apresentados são limitados ao contexto da pesquisa com base empírica, isto é, da pesquisa voltada para a descrição de situações concretas e para a intervenção ou a ação orientada em função da resolução de problemas efetivamente detectados nas coletividades consideradas. Isto não quer dizer que estejamos desprezando a pesquisa teórica, sempre de fundamental importância. Mas precisamos começar por um dos lados possíveis e escolhemos o lado empírico, com observação e ação em meios sociais delimitados, principalmente com referência aos campos constituídos e designados como educação, comunicação e organização. Não nos parece haver incompatibilidade no fato de progredir na teorização a partir da observação e descrição de situações concretas e no fato de encarar situações circunscritas a diversos campos de atuação antes de se ter elaborado um conhecimento teórico relativo à sociedade como um todo. Entre esses diversos níveis de análise, não nos parece haver dedução do geral ao particular nem indução do particular ao geral. Trata-se de estabelecer um constante vaivém no qual privilegiamos aqui os níveis mais acessíveis ao pesquisador principiante.

Embora privilegie o lado empírico, nossa abordagem nunca deixa de colocar as questões relativas aos quadros de referência teórica sem os quais a pesquisa empírica — de pesquisa-ação ou não — não faria sentido. Essas questões são vistas como sendo relacionadas ao papel da teoria na pesquisa e como contribuição específica dos pesquisadores nos discursos que acompanham o desenrolar da pesquisa, levando a uma deliberação acerca dos argumentos a serem levados em conta para estabelecer as conclusões.

Nos dias de hoje, embora haja muitas pesquisas em diversas áreas de conhecimento aplicado, sente-se a falta de uma maior segurança em matéria de metodologia quando se trata de investigar situações concretas. Além disso, no plano teórico, a retórica sem controle corre solta. Há um crescente descompasso entre o conhecimento usado na resolução de problemas reais e o conhecimento usado apenas de modo retórico ou simbólico na esfera cultural. A linha seguida pelos partidários da pesquisa-ação é diferente: pretendem ficar atentos às exigências teóricas e práticas para equacionarem problemas relevantes dentro da situação social.

* * *

De acordo com a concepção didática deste livro, o conteúdo é organizado em temas, cada um sendo apresentado de modo conciso. A nossa seleção dos temas corresponde às respostas a diferentes perguntas que sempre são formuladas nas discussões sobre a pesquisa-ação de que temos participado no Brasil desde 1975. Muitas dessas perguntas nos foram sugeridas por alunos e professores de ciências sociais e de outras disciplinas na ocasião de cursos, conferências ou seminários em várias universidades e por pesquisadores encontrados na realização de diversas consultorias. Em si próprio, o "roteiro" proposto não pretende ser a solução de todos os problemas.

Os temas escolhidos foram agrupados em três capítulos:

1. Estratégia de conhecimento.
2. Concepção e organização da pesquisa.
3. Áreas de aplicação.

No Capítulo I, estão reunidos alguns temas gerais da estratégia de conhecimento, enfatizando o papel da metodologia no controle das exigências científicas e a natureza argumentativa das formas de raciocínio que operam na concepção da pesquisa-ação. A formulação das hipóteses (ou diretrizes), sua comprovação, as inferências e generalizações não são apenas baseadas em dados e regras estatísticas. No conjunto do processo da investigação e da ação, a argumentação (ou a deliberação) desempenha um papel fundamental. Além disso, as implicações políticas e valorativas devem ficar sob o controle dos pesquisadores.

No Capítulo II, apresentamos uma série de temas relacionados com a concepção e a organização prática de uma pesquisa-ação. São destacadas questões vinculadas à fase exploratória, o diagnóstico, a escolha do tema, a colocação dos problemas, o lugar da teoria e das hipóteses, a função do seminário no qual se reúnem os pesquisadores e os demais participantes, a delimitação do campo de observação empírica, os problemas de amostragem e de representatividade qualitativa, a coleta de dados, a aprendizagem, o cotejo do saber formal e do saber informal, a elaboração de planos de ação e, finalmente, a divulgação dos resultados.

No Capítulo III, apresentamos como temas as diversas áreas de aplicação da pesquisa-ação, em particular educação, comunicação, serviço social, organização, tecnologia rural e práticas políticas. Em cada uma dessas áreas são discutidas algumas das especificidades da abordagem proposta. Indicamos problemas a serem resolvidos e potencialidades a serem aproveitadas em futuras pesquisas.

Em conclusão, são retomadas sinteticamente importantes questões relacionadas com as condições intelectuais e práticas do desenvolvimento da pesquisa-ação enquanto estratégia de conhecimento voltada para a resolução de problemas do mundo real.

Capítulo I

ESTRATÉGIA DE CONHECIMENTO

Neste capítulo, são apresentados temas gerais da estratégia de conhecimento que é própria à orientação metodológica da pesquisa-ação tal como a concebemos. Após uma discussão acerca das definições e dos objetivos, apresentamos uma série de exigências necessárias à manutenção da pesquisa-ação no âmbito das ciências sociais. Em seguida, é descrito o papel da metodologia como sendo o de conduzir a pesquisa de acordo com as exigências científicas. Procurando mostrar algumas das especificidades da pesquisa-ação no plano das formas de raciocínio, indicamos que a natureza argumentativa (ou deliberativa) dos procedimentos está explicitamente reconhecida, contrariamente à concepção tradicional da pesquisa, na qual são valorizados critérios lógico-formais e estatísticos. Desenvolvendo este ponto de vista, procuramos mostrar como é possível estabelecer um vínculo entre, de um lado, o raciocínio hipotético e as exigências de comprovação, e, por outro lado, as argumentações dos pesquisadores e participantes. Mostramos que a concepção das hipóteses não deve ser confundida com a elaboração de testes de hipótese, que é apenas uma técnica estatística de aplicação restritiva, o que nos permite repensar as questões relacionadas com inferências e generalizações de um modo que não se limita ao campo das técnicas estatísticas. Essas questões são também abordadas por intermédio dos recursos da argumentação, de modo particularmente adequado no contexto da pesquisa-ação, onde as interpretações da realidade observada e as ações transformadoras são objetos de deliberação. Em seguida, são apresentadas algumas reflexões introdutórias acerca do tema do relacionamento entre conhecimento e ação. Procuramos especificar o alcance das ações ou das transformações consideradas na pesquisa sem criar falsas expectativas ao nível da sociedade. Terminamos o nosso "roteiro" da estratégia de conhecimento por uma curta discussão sobre as suas implicações políticas e valorativas.

1. Definições e objetivos

Entre as diversas definições possíveis, daremos a seguinte: a pesquisa-ação é um tipo de pesquisa social com base empírica que é concebida e realizada em estreita associação com uma ação ou com a resolução de um problema coletivo e no qual os pesquisadores e os participantes representativos da situação ou do problema estão envolvidos de modo cooperativo ou participativo.

Este tipo de definição deixa provisoriamente em aberto a questão valorativa, pois não se refere a uma predeterminada orientação da ação ou a um predeterminado grupo social. Muitos partidários restringem a concepção e o uso da pesquisa-ação a uma orientação de ação emancipatória e a grupos sociais que pertencem às classes populares ou dominadas. Nesse caso, a pesquisa-ação é vista como forma de engajamento sociopolítico a serviço da causa das classes populares. Esse engajamento é constitutivo de uma boa parte das propostas de pesquisa-ação e pesquisa participante, tais como são conhecidas na América Latina e em outros países do Terceiro Mundo. No entanto, a metodologia da pesquisa-ação é igualmente discutida em áreas de atuação técnico-organizativa com outros tipos de compromissos sociais e ideológicos, entre os quais destaca-se o compromisso de tipo "reformador" e "participativo", tal como no caso das pesquisas sociotécnicas efetuadas segundo uma orientação de "democracia industrial", principalmente em países do Norte da Europa.

Embora seja precária a distinção entre os aspectos valorativos e os aspectos propriamente metodológicos ao nível de um processo de investigação, consideramos que a estrutura metodológica da pesquisa-ação dá lugar a uma grande diversidade de propostas de pesquisa nos diversos campos de atuação social. Os valores vigentes em cada sociedade e em cada setor de atuação alteram sensivelmente o teor das propostas de pesquisa-ação. Assim, existe uma grande diversidade entre as propostas de caráter militante, as propostas informativas e conscientizadoras das áreas educacional e de comunicaçao e, finalmente, as propostas "eficientizantes" das áreas organizacional e tecnológica. Certos autores recusam a possibilidade de designar essas propostas tão diversas por um mesmo vocábulo.

Abordaremos questões metodológicas gerais tentando dar conta desta diversidade de propostas.

Ao nível das definições, uma questão frequentemente discutida é a de saber se existe uma diferença entre pesquisa-ação e pesquisa participante (Thiollent, 1984a, p. 82-103). Isto é uma questão de terminologia acerca da qual não há unanimidade. Nossa posição consiste em dizer que toda pesquisa-ação é de tipo participativo: a participação das pessoas implicadas nos problemas investigados é absolutamente necessária. No entanto, tudo o que é chamado pesquisa participante não é pesquisa-ação. Isso porque pesquisa participante é, em alguns casos, um tipo de pesquisa baseado numa metodologia de observação participante na qual os pesquisadores estabelecem relações comunicativas com pessoas ou grupos da situação investigada com o intuito de serem mais bem aceitos. Nesse caso, a participação é sobretudo participação dos pesquisadores e consiste em aparente identificação com os valores e os comportamentos que são necessários para a sua aceitação pelo grupo considerado.

Para que não haja ambiguidade, uma pesquisa pode ser qualificada de pesquisa-ação quando houver realmente uma ação por parte das pessoas ou grupos implicados no problema sob observação. Além disso, é preciso que a ação seja uma ação não trivial, o que quer dizer uma ação problemática merecendo investigação para ser elaborada e conduzida.

Entre as ações encontradas, algumas são de tipo reivindicatório, por exemplo, no contexto associativo ou sindical. Em certos casos, trata-se de ações de caráter prático dentro de uma atividade coletiva, por exemplo, o lançamento de um jornal popular ou de outros meios de difusão no contexto da animação cultural. Num contexto organizacional, a ação considerada visa frequentemente resolver problemas de ordem aparentemente mais técnica, por exemplo, introduzir uma nova tecnologia ou desbloquear a circulação da informação dentro da organização. De fato, por trás de problemas desta natureza há sempre uma série de condicionantes sociais a serem evidenciados pela investigação.

Na pesquisa-ação, os pesquisadores desempenham um papel ativo no equacionamento dos problemas encontrados, no acompanhamento e na avaliação das ações desencadeadas em função dos problemas. Sem dúvida, a pesquisa-ação exige uma estrutura de relação entre pesquisadores e pessoas da situação investigada que seja de tipo participativo. Os problemas de aceitação dos pesquisadores no meio pesquisado têm que ser resolvidos no decurso da pesquisa. Mas a participação do pesquisador não qualifica a especificidade da pesquisa-ação, que consiste em organizar a investigação em torno da concepção, do desenrolar e da avaliação de uma ação planejada. Nesse sentido, pesquisa-ação e pesquisa participante não deveriam ser confundidas, embora autores tenham chamado pesquisa participante concepções de pesquisa-ação que não se limitam à aceitação dos pesquisadores no meio pesquisado, como no caso de simples "observação participante". A participação dos pesquisadores é explicitada dentro da situação de investigação, com os cuidados necessários para que haja reciprocidade por parte das pessoas e grupos implicados nesta situação. Além disso, a participação dos pesquisadores não deve chegar a substituir a atividade própria dos grupos e suas iniciativas.

Em geral, a ideia de pesquisa-ação encontra um contexto favorável quando os pesquisadores não querem limitar suas investigações aos aspectos acadêmicos e burocráticos da maioria das pesquisas convencionais. Querem pesquisas nas quais as pessoas implicadas tenham algo a "dizer" e a "fazer". Não se trata de simples levantamento de dados ou de relatórios a serem arquivados. Com a pesquisa-ação, os pesquisadores pretendem desempenhar um papel ativo na própria realidade dos fatos observados.

Nesta perspectiva, é necessário definir com precisão, de um lado, qual é a ação, quais são os seus agentes, seus objetivos e obstáculos e, por outro lado, qual é a exigência de conhecimento a ser produzido em função dos problemas encontrados na ação ou entre os atores da situação.

Resumindo alguns de seus principais aspectos, consideramos que a pesquisa-ação é uma estratégia metodológica da pesquisa social na qual:

a) há uma ampla e explícita interação entre pesquisadores e pessoas implicadas na situação investigada;
b) desta interação resulta a ordem de prioridade dos problemas a serem pesquisados e das soluções a serem encaminhadas sob forma de ação concreta;
c) o objeto de investigação não é constituído pelas pessoas e sim pela situação social e pelos problemas de diferentes naturezas encontrados nesta situação;

d) o objetivo da pesquisa-ação consiste em resolver ou, pelo menos, em esclarecer os problemas da situação observada;
e) há, durante o processo, um acompanhamento das decisões, das ações e de toda a atividade intencional dos atores da situação;
f) a pesquisa não se limita a uma forma de ação (risco de ativismo): pretende-se aumentar o conhecimento dos pesquisadores e o conhecimento ou o "nível de consciência" das pessoas e grupos considerados.

A configuração de uma pesquisa-ação depende dos seus objetivos e do contexto no qual é aplicada. Vários casos devem ser distinguidos.

Num primeiro caso, a pesquisa-ação é organizada para realizar os objetivos práticos de um ator social homogêneo dispondo de suficiente autonomia para encomendar e controlar a pesquisa. O ator é frequentemente uma associação ou um agrupamento ativo. Os pesquisadores assumem os objetivos definidos e orientam a investigação em função dos meios disponíveis.

Num segundo caso, a pesquisa-ação é realizada dentro de uma organização (empresa ou escola, por exemplo) na qual existe hierarquia ou grupos cujos relacionamentos são problemáticos. A pesquisa pode vir a ser utilizada por uma das partes em detrimento dos interesses das outras partes. Nesse caso, o relacionamento dos pesquisadores com os grupos da situação observada é muito mais complicado do que no caso precedente, tanto no plano ético quanto no plano da prática da pesquisa. Considera-se, no plano ético, que os pesquisadores da linha da pesquisa-ação não podem aceitar trabalhar em pesquisas manipuladas por uma das partes nas organizações, em particular por aquela que está mais vinculada ao poder. Após uma fase de definição dos interessados na pesquisa e das exigências dos pesquisadores, se houver possibilidade de conduzir a pesquisa de um modo satisfatoriamente negociado, os problemas de relacionamento entre os grupos serão tecnicamente analisados por meio de reuniões no seio das quais todas as partes deverão estar representadas.

Num terceiro caso, a pesquisa-ação é organizada em meio aberto, por exemplo, bairro popular, comunidade rural etc. Nesse caso, ela pode ser desencadeada com uma maior iniciativa por parte dos pesquisadores que, às vezes, devem se precaver de possíveis inclinações "missionárias", sempre propícias à perda do mínimo de objetividade que é requerido na pesquisa. Frequentemente, a pesquisa é organizada em função de instituições exteriores à comunidade. Os pesquisadores elucidam os diversos interesses implicados.

Na prática, os três casos que distinguimos algumas vezes se apresentam sob forma mesclada. Seja como for, a atitude dos pesquisadores é sempre uma atitude de "escuta" e de elucidação dos vários aspectos da situação, sem imposição unilateral de suas concepções próprias.

Na fase de definição da pesquisa-ação, uma outra condição necessária consiste na elucidação dos objetivos e, em particular, da relação existente entre os objetivos de pesquisa e os objetivos de ação. Uma das especificidades da pesquisa-ação consiste no relacionamento desses dois tipos de objetivos:

a) Objetivo prático: contribuir para o melhor equacionamento possível do problema considerado como central na pesquisa, com levantamento de soluções e proposta de ações correspondentes às "soluções" para auxiliar o agente (ou ator) na sua atividade transformadora da situação. É claro que este tipo de objetivo deve ser visto com "realismo", isto é, sem exageros na definição das soluções alcançáveis. Nem todos os problemas têm soluções a curto prazo.
b) Objetivo de conhecimento: obter informações que seriam de difícil acesso por meio de outros procedimentos, aumentar nosso conhecimento de determinadas situações (reivindicações, representações, capacidades de ação ou de mobilização etc.).

A relação existente entre esses dois tipos de objetivos é variável. De modo geral, considera-se que com maior conhecimento a ação é mais bem conduzida. No entanto, as exigências cotidianas da prática frequentemente limitam o tempo de dedicação ao conhecimento. Um equilíbrio entre as duas ordens de preocupação deve ser mantido.

Como complemento à discussão dos objetivos da pesquisa-ação, podemos indicar casos nos quais o objetivo é sobretudo "instrumental"; isto acontece quando a pesquisa tem um propósito limitado à resolução de um problema prático de ordem técnica, embora a técnica não seja concebida fora do seu contexto sociocultural de geração e uso. Encontramos outras situações nas quais os objetivos são voltados para a tomada de consciência dos agentes implicados na atividade investigada. Nesse caso, não se trata apenas de resolver um problema imediato e sim desenvolver a consciência da coletividade nos planos político ou cultural a respeito dos problemas importantes que enfrenta, mesmo quando não se veem soluções a curto prazo como, por exemplo, nos casos de secas, efeitos da propriedade fundiária etc. O objetivo é tornar mais evidentes aos olhos dos interessados a natureza e a complexidade dos problemas considerados.

Finalmente, existe uma outra situação, quando o objetivo da pesquisa-ação é principalmente voltado para a produção de conhecimento que não seja útil apenas para a coletividade considerada na investigação local. Trata-se de um conhecimento a ser cotejado com outros estudos e suscetível de parciais generalizações no estudo de problemas sociológicos, educacionais ou outros, de maior alcance. A ênfase pode ser dada a um dos três aspectos: resolução de problemas, tomada de consciência ou produção de conhecimento. Muitas vezes, a pesquisa-ação só consegue alcançar um ou outro desses três aspectos. Podemos imaginar que, com maior amadurecimento metodológico, a pesquisa-ação, quando bem conduzida, poderá vir a alcançá-los simultaneamente.

Uma última questão frequentemente abordada consiste na diferença que existe entre a pesquisa-ação e a pesquisa convencional. Numa pesquisa convencional não há participação dos pesquisadores junto com os usuários ou pessoas da situação observada. Além disso, sempre há uma grande distância entre os resultados de uma pesquisa convencional e as possíveis decisões ou ações decorrentes. Em geral, tal tipo de pesquisa se insere no funcionamento burocrático das instituições. Os usuários não são considerados como atores. Ao nível da pesquisa, o usuário é mero informante, e ao nível da ação ele é mero executor. Esta concepção é incompatível com a da pesquisa-ação, sempre pressupondo participação e ação efetiva dos interessados. Podemos acrescentar que, na pesquisa social convencional, são privilegiados os aspectos individuais, tais como opiniões, atitudes, motivações, comportamentos etc. Esses aspectos são geralmente captados por meio de questionários e entrevistas que não permitem que se tenha uma visão dinâmica da situação. Não há focalização da pesquisa na dinâmica de transformação desta situação numa outra situação desejada. Ao contrário, pela pesquisa-ação é possível estudar dinamicamente os problemas, decisões, ações, negociações, conflitos e tomadas de consciência que ocorrem entre os agentes durante o processo de transformação da situação. Por exemplo, no campo industrial, é o caso quando se trata de transformar uma forma de organização do trabalho individualmente segmentada e rotinizada numa forma de organização com grupos dispondo de autonomia e flexibilidade na execução do trabalho. De modo geral, a observação do que ocorre no processo de transformação abrange problemas de expectativas, reivindicações, decisões, ações e é realizada através de reuniões e seminários nos quais participam pessoas de diversos grupos implicados na transformação. As reuniões e os seminários podem ser alimentados por informações obtidas em grupos de pesquisa especializados por assuntos e também por informações provenientes de outras fontes, inclusive — quando utilizáveis — aquelas que foram obtidas por meios convencionais: entrevistas, documentação etc. Este tipo de concepção pode ser aplicado no caso do estudo de inovações ou de transformações técnicas e sociais nas organizações e também nos sistemas de ensino.

2. Exigências científicas

Entre os partidários da pesquisa-ação e da pesquisa participante é frequente o clima de suspeita para com teorias, métodos e outros elementos valorizados pelo espírito científico. Às vezes chega-se a muita participação e a pouco conhecimento. A nosso ver, na pesquisa-ação se devem manter algumas condições de pesquisa e algumas exigências de conhecimento associadas ao ideal científico que, contrariamente a uma certa opinião corrente, não se confunde com o positivismo ou qualquer outra circunstancial ideologia da ciência.

No contexto da animação e difusão cultural em meio operário, D. Charasse mostra que a pesquisa-ação é insuficiente quando "desprovida do questionamento próprio à pesquisa científica" (Charasse, 1983, p. 133-40). Tal experiência não passa de uma compilação sem enriquecimento da informação. Além disso, quando não há interrogação acerca do papel dos pesquisadores intervenientes, há risco de manipulação. É preciso evitar, de um lado, o tecnocratismo e o academicismo e, por outro, o populismo ingênuo dos animadores.

A nosso ver, um grande desafio metodológico consiste em fundamentar a inserção da pesquisa-ação dentro de uma perspectiva de investigação científica, concebida de modo aberto e na qual "ciência" não seja sinônimo de "positivismo", "funcionalismo" ou de outros "rótulos".

Como visto no item precedente, na pesquisa-ação existem objetivos práticos de natureza bastante imediata: propor soluções quando for possível e acompanhar ações correspondentes, ou, pelo menos, fazer progredir a consciência dos participantes no que diz respeito à existência de soluções e de obstáculos.

No contexto organizacional, onde há nítida divisão entre dirigentes e dirigidos, é claro que a pesquisa-ação pode ficar repleta de ambiguidades e seu alcance pode ser limitado de modo utilitarista por parte dos dirigentes ao colocarem problemas de seu exclusivo interesse como prioritários, independentemente de sua relevância científica, eventualmente muito fraca, tal como no caso dos estudos de "liderança".

Quando se trata de pesquisa-ação voltada para os problemas da coletividade, como, por exemplo, a organização do trabalho em mutirão, o acesso à escola ou à moradia, os objetivos práticos consistem em fazer um levantamento da situação, formular reivindicações e ações. São objetivos práticos voltados para se encontrar uma "saída" dentro do contexto. As soluções imediatas são selecionadas em função de diferentes critérios correspondentes a uma definição dos interesses da coletividade.

Todos esses objetivos práticos não devem nos fazer esquecer que a pesquisa-ação, como qualquer estratégia de pesquisa, possui também objetivos de conhecimento que, a nosso ver, fazem parte da expectativa científica que é própria às ciências sociais.

São muito variáveis os pontos de vista de diferentes autores acerca do grau de sintonia da pesquisa-ação com a ideia de ciência. Podemos até encontrar autores e pesquisadores comprometidos com pesquisa-ação e pesquisa participante que perderam de vista a ideia ou o "ideal" das ciências sociais, ou da ciência em geral. A ação ou a participação, em si próprias, seriam suficientes. Conhecimento e ação, ciência e saber popular estariam fundidos numa só atuação. Não haveria mais lugar autônomo para a ciência que, no caso, seria apenas considerada como produto tipicamente "acadêmico", "positivista", "ocidental" e "decadente". A pesquisa-ação não precisaria prestar contas à ciência e às suas instituições.

A nosso ver, este ponto de vista é exagerado e perigoso. Alguns aspectos da crítica ao sistema convencional da pesquisa científica (academicismo, dependência institucional, unilateralidade da interpretação etc.) são muito pertinentes. Mas isto não deve nos fazer abrir mão das ideias de ciência e de racionalidade, sem as quais sempre há riscos de "recaídas" no irracionalismo que, tanto no passado como no presente, foi associado ao obscurantismo e às manipulações de toda ordem.

Hoje em dia não existe um padrão de cientificidade universalmente aceito nas ciências sociais. O positivismo e o empiricismo, que prevalecem na literatura do mundo anglo-saxão, são contestados inclusive nos seus centros de origem. Podemos optar por instrumentos de pesquisa não aceitos pela maioria dos pesquisadores de rígida formação à moda antiga, sem por isso abandonar a preocupação científica.

Embora seja incompatível com a metodologia de experimentação em laboratório e com os pressupostos do experimentalismo (neutralidade e não interferência do observador, isolamento de variáveis etc.), a pesquisa-ação não deixa de ser uma forma de experimentação em situação real, na qual os pesquisadores intervêm conscientemente. Os participantes não são reduzidos a cobaias e desempenham um papel ativo. Além disso, na pesquisa em situação real, as variáveis não são isoláveis. Todas elas interferem no que está sendo observado. Apesar disso, trata-se de uma forma de experimentação na qual os indivíduos ou grupos mudam alguns aspectos da situação pelas ações que decidiram aplicar. Da observação e da avaliação dessas ações, e também pela evidenciação dos obstáculos encontrados no caminho, há um ganho de informação a ser captado e restituído como elemento de conhecimento.

Consideramos que a pesquisa-ação não é constituída apenas pela ação ou pela participação. Com ela, é necessário produzir conhecimentos, adquirir experiência, contribuir para a discussão ou fazer avançar o debate acerca das questões abordadas. Parte da informação gerada é divulgada, sob formas e por meios apropriados, no seio da população. Outra parte da informação, cotejada com resultados de pesquisas anteriores, é estruturada em conhecimentos. Estes são divulgados pelos canais próprios às ciências sociais (revistas, congressos etc.) e também por meio de canais próprios a esta linha de pesquisa.

Achamos que a pesquisa-ação deve ficar no âmbito das ciências sociais, podendo inclusive ser enriquecida pelas contribuições de outras linhas compatíveis (em particular, linhas metodológicas concentradas na análise da linguagem em situação social) (Thiollent, 1981, p. 81-105). Os pesquisadores da linha "pesquisa-ação" que negam seu papel próprio estão em situação paradoxal: pesquisar sem ser pesquisador. Além disso, o descontrole da atividade de pesquisa deixa margem a todas as formas de manipulação e de aproveitamento para fins particulares.

A manutenção da pesquisa-ação dentro do conjunto das exigências científicas tem que ser melhor explicitada. As exigências consideradas são diferentes daquelas que são comumente aceitas de acordo com o padrão convencional de observação, no qual há total separação entre observador e observados, total substituibilidade dos pesquisadores e quantificação da informação colhida na observação, enquanto princípios de objetividade. Tais princípios observacionais pertencem ao espírito científico; porém, não são os únicos e não se aplicam em todas as áreas com o mesmo grau de necessidade. Sem abandonarmos o espírito científico, podemos conceber dispositivos de pesquisa social com base empírica nos quais, em vez de separação, haja um tipo de coparticipação dos pesquisadores e das pessoas implicadas no problema investigado. A substituibilidade dos pesquisadores não é total, pois o que cada pesquisador observa e interpreta nunca é independente da sua formação, de suas experiências anteriores e do próprio "mergulho" na situação investigada. Em lugar de substituibilidade, a condição de objetividade pode ser parcialmente respeitada por meio de um controle metodológico do processo investigativo e com o consenso de vários pesquisadores acerca do que está sendo observado e interpretado. Por sua vez, a quantificação é sempre útil quando se trata de estudar fenômenos cujas dimensões e variações são significativas e quando existem instrumentos de medição aplicáveis sem demasiado artificialismo. Mas a quantificação, aparentemente mais precisa do que qualquer avaliação subjetiva, é frequentemente uma ilusão. Em muitos casos, a descrição verbal minuciosa, a apreciação em escalas "grosseiras" do tipo forte-fraco, grande-médio-pequeno, aumento-diminuição etc., são suficientes para satisfazer os objetivos da pesquisa. Tais apreciações são factíveis no processo de pesquisa-ação e, inclusive, com recursos de procedimentos argumentativos para se chegar ao consenso dos participantes em torno das mesmas.

Por ser muito mais dialógico do que o dispositivo de observação convencional, o dispositivo da pesquisa-ação pode parecer menos preciso e menos objetivo. Relativizando essas noções, podemos considerar que elas não são, por isso, necessariamente perdidas de vista pelos pesquisadores. A discussão e a participação dos pesquisadores e dos participantes em diversas estruturas coletivas (seminários, grupos etc.) não são, em si próprias, nocivas à objetividade. A falta de objetividade também pode existir nos modos de relacionamento burocrático dos pesquisadores convencionais. O caráter burocrático do relacionamento pode ser observado entre os pesquisadores principais confinados em gabinetes e os pesquisadores (ou entrevistadores) que atuam no campo empírico e, também, entre estes últimos e os indivíduos escolhidos como informantes em função da amostragem. Os pesquisadores principais raciocinam em gabinete na base de uma grande quantidade de informações quantitativas obtidas pelos procedimentos rotineiros. Nessas condições, a qualidade e a objetividade do raciocínio não são necessariamente superiores. Na pesquisa ativa, há um constante questionamento, sempre é preciso argumentar a favor ou contra determinadas apreciações e interpretações. Seu aspecto coletivo pode ser fonte de manipulações. Sob controle metodológico, há também condições de uma constante autocorreção, sempre melhorando a qualidade e a relevância das observações.

Em si, a intercomunicação entre observadores e pessoas e grupos implicados na situação e também a restituição do papel ativo a todos os participantes que acompanham as diversas fases da pesquisa não constituem infrações ao "código" da ciência, quando este é entendido de modo plural, em particular no plano metodológico.

A compreensão da situação, a seleção dos problemas, a busca de soluções internas, a aprendizagem dos participantes, todas as características qualitativas da pesquisa-ação não fogem ao espírito científico. O qualitativo e o diálogo não são anticientíficos. Reduzir a ciência a um procedimento de processamento de dados quantificados corresponde a um ponto de vista criticado e ultrapassado, até mesmo em alguns setores das ciências da natureza.

Do ponto de vista científico, a pesquisa-ação é uma proposta metodológica e técnica que oferece subsídios para organizar a pesquisa social aplicada sem os excessos da postura convencional ao nível da observação, processamento de dados, experimentação etc. Com ela se introduz uma maior flexibilidade na concepção e na aplicação dos meios de investigação concreta.

Além disso, podemos considerar que, internamente ao processo de pesquisa-ação, encontramos qualidades que não estão presentes nos processos convencionais. Por exemplo, podemos captar informações geradas pela mobilização coletiva em torno de ações concretas que não seriam alcançáveis nas circunstâncias da observação passiva. Quando as pessoas estão fazendo alguma coisa relacionada com a solução de um problema seu, há condiçao de estudar este problema num nível mais profundo e realista do que no nível opinativo ou representativo no qual se reproduzem apenas imagens individuais e estereotipadas.

Outra qualidade da pesquisa-ação consiste no fato de que as populações não são consideradas como ignorantes e desinteressadas. Levando a sério o saber espontâneo e cotejando-o com as "explicações" dos pesquisadores, um conhecimento descritivo e crítico é gerado acerca da situação, com todas as sutilezas e nuanças que em geral escapam aos procedimentos padronizados. Com a divulgação de informação dentro da população, com o processo de aprendizagem dos pesquisadores e dos participantes, com o eventual treinamento de pessoas "leigas" para desempenharem a função de pesquisadores é possível esperar a geração de uma massa de informação significativa, aproveitando um amplo concurso de competências diversas.

3. O papel da metodologia

A partir da concepção anteriormente esboçada, podemos considerar que, na organização e na conduta de uma pesquisa-ação, a metodologia das ciências sociais tem um importante papel a desempenhar. Esta afirmação é contrária a uma opinião difundida em certos meios acadêmicos, segundo a qual a pesquisa-ação é um tipo de atividade escolhida por pesquisadores que não entendem de metodologia nem querem se submeter às suas exigências. Todavia, tais pesquisadores existem e, a nosso ver, prejudicam a imagem de sua própria atividade.

Para evitarmos certas confusões, precisamos redefinir o que é a metodologia e especificar seu papel. Uma das perguntas frequentemente formuladas é a seguinte: a pesquisa-ação é um método? Uma técnica? Uma metodologia? Esta pergunta parece estar ligada à imprecisão relativa ao uso desses três termos, não somente no campo da pesquisa-ação, mas também no contexto geral das ciências sociais.

Existe uma confusão terminológica que podemos analisar como sendo uma confusão entre, de um lado, o nível da efetiva abordagem da situação investigada com métodos e técnicas particulares, e, por outro lado, o "metanível", constituído pela metodologia enquanto instância de reflexão acerca do primeiro nível. Esta distinção existe sob forma genérica como distinção entre informação e metainformação ou conhecimento e metaconhecimento. Podemos distinguir o nível do método efetivo (ou da técnica) aplicado na captação da informação social e a metodologia como metanível, no qual é determinado como se deve explicar ou interpretar a informação colhida.

A metodologia é entendida como disciplina que se relaciona com a epistemologia ou a filosofia da ciência. Seu objetivo consiste em analisar as características dos vários métodos disponíveis, avaliar suas capacidades, potencialidades, limitações ou distorções e criticar os pressupostos ou as implicações de sua utilização. Ao nível mais aplicado, a metodologia lida com a avaliação de técnicas de pesquisa e com a geração ou a experimentação de novos métodos que remetem aos modos efetivos de captar e processar informações e resolver diversas categorias de problemas teóricos e práticas da investigação. Além de ser uma disciplina que estuda os métodos, a metodologia é também considerada como modo de conduzir a pesquisa. Neste sentido, a metodologia pode ser vista como conhecimento geral e habilidade que são necessários ao pesquisador para se orientar no processo de investigação, tomar decisões oportunas, selecionar conceitos, hipóteses, técnicas e dados adequados. O estudo da metodologia auxilia o pesquisador na aquisição desta capacidade. Associado à prática da pesquisa, o estudo da metodologia exerce uma importante função de ordem pedagógica, isto é, a formação do estado de espírito e dos hábitos correspondentes ao ideal da pesquisa científica.

À luz do que precede, a pesquisa-ação não é considerada como metodologia. Trata-se de um método, ou de uma estratégia de pesquisa agregando vários métodos ou técnicas de pesquisa social, com os quais se estabelece uma estrutura coletiva, participativa e ativa ao nível da captação de informação. A metodologia das ciências sociais considera a pesquisa-ação como qualquer outro método. Isto quer dizer que ela a toma como objeto para analisar suas qualidades, potencialidades, limitações e distorções. A metodologia oferece subsídios de conhecimento geral para orientar a concepção da pesquisa-ação e controlar o seu uso.

Como estratégia de pesquisa, a pesquisa-ação pode ser vista como modo de conceber e de organizar uma pesquisa social de finalidade prática e que esteja de acordo com as exigências próprias da ação e da participação dos atores da situação observada. Neste processo, a metodologia desempenha um papel de "bússola" na atividade dos pesquisadores, esclarecendo cada uma das suas decisões por meio de alguns princípios de cientificidade. Uma pesquisa concebida sem esse tipo de exigência corre o risco de se limitar a uma simples reprodução de lugares-comuns e de encobrir manipulações por parte de quem "fala mais alto" nas situações observadas. O fato de manter na pesquisa-ação algum tipo de exigência metodológica e científica não deve ser interpretado como "cientificismo", "positivismo" ou "academicismo". É apenas um elemento de defesa contra as ideologias passageiras e contra a mediocridade do senso comum.

O papel da metodologia consiste também no controle detalhado de cada técnica auxiliar utilizada na pesquisa. Como já indicamos, a pesquisa-ação, definida como método (ou como estratégia de pesquisa), contém diversos métodos ou técnicas particulares em cada fase ou operação do processo de investigação. Assim, há técnicas para coletar e interpretar dados, resolver problemas, organizar ações etc. A diferença entre método e técnica reside no fato de que a segunda possui em geral um objetivo muito mais restrito do que o primeiro. Seja como for, podemos considerar que, no desenvolvimento da pesquisa-ação, os pesquisadores recorrem a métodos e técnicas de grupos para lidar com a dimensão coletiva e interativa da investigação e também técnicas de registro, de processamento e de exposição de resultados. Em certos casos, os convencionais questionários e as técnicas de entrevista individual são utilizados como meio de informação complementar. Também a documentação disponível é levantada. Em certos momentos da investigação, recorre-se igualmente a outros tipos de técnicas: diagnósticos de situação, resolução de problemas, mapeamento de representações etc. Na parte "informativa" da investigação, técnicas didáticas e técnicas de divulgação ou de comunicação, inclusive audiovisual, também fazem parte dos recursos mobilizados para o desenvolvimento da pesquisa-ação. Nesse quadro geral, o papel da metodologia consiste em avaliar as condições de uso de cada uma das técnicas. As características de cada método ou de cada técnica podem interferir no tipo de interpretação dos dados que produzem. É conhecido, em particular, o fato de que as técnicas de entrevistas ou outras técnicas de origem psicológica podem contribuir, quando usadas inadequadamente, para "psicologizar" a realidade social ou cultural observada (Thiollent, 1980a).

A preocupação metodológica dos pesquisadores permite apontar esses riscos e criar condições satisfatórias para uma combinação de técnicas apropriadas aos objetivos da pesquisa. Mesmo quando as distorções introduzidas pelo uso das técnicas não podem ser corrigidas, a simples evidenciação metodológica da sua existência já constitui um aspecto altamente positivo, podendo inclusive ser aproveitado na avaliação qualitativa do grau de objetividade alcançado.

Além do controle dos métodos e técnicas, o papel da metodologia consiste em orientar o pesquisador na estrutura da pesquisa: com que tipo de raciocínio trabalhar? Qual o papel das hipóteses? Como chegar a uma certeza maior na elaboração dos resultados e interpretações? Essas são algumas questões controvertidas que abordaremos agora.

4. Formas de raciocínio e argumentação

Numa pesquisa sempre é preciso pensar, isto é, buscar ou comparar informações, articular conceitos, avaliar ou discutir resultados, elaborar generalizações etc. Todos esses aspectos constituem uma estrutura de raciocínio subjacente à pesquisa. Na linha convencional, os pesquisadores valorizam, na estrutura de raciocínio, sobretudo regras lógico-formais e critérios estatísticos que nem sempre respeitam na prática. Na linha alternativa, as formas de raciocínio são muito mais flexíveis. Ninguém pretende enquadrá-las em rígidas regras formais. No entanto, tais formas de raciocínio não excluem recursos hipotéticos, inferenciais e comprobatórios e também incorporam componentes de tipo discursivo ou argumentativo a serem evidenciados. Esses aspectos são raramente abordados na literatura sobre pesquisa-ação ou pesquisa participante. A nosso ver, eles precisam ser analisados para se chegar a uma clara demarcação, no plano cognitivo, entre pesquisa convencional e pesquisa alternativa. Esta demarcação não deve ser vista como oposição entre dois mundos separados. Os problemas tradicionais do raciocínio (hipóteses, inferências etc.) encontram apenas soluções diferentes. As soluções próprias à pesquisa alternativa merecem ser mais conhecidas e ampliadas, para que ela possa superar muitas das confusões que lhe são atribuídas.

Devido aos seus objetivos específicos e ao seu conteúdo social, a proposta de pesquisa-ação está muito afastada das preocupações metodológicas relacionadas com a formalização ou com as questões de lógica em geral. Porém algumas questões subsistem. Parece-nos evidente que a lógica formal clássica, com suas formulações binárias (verdade/falsidade, terceiro excluído etc.), é de pouca valia para dar conta de conhecimentos cujas características são principalmente informais e obtidas em situação comunicativa (ou interativa). Além disso, entre os partidários das alternativas metodológicas, há uma ampla condenação da antiga posição segundo a qual tudo o que não se enquadra na lógica tradicional estaria fora do conhecimento científico rigoroso, coerente etc.

Hoje em dia, independentemente da "linha alternativa", existe uma pluralidade de lógicas e de abordagens argumentativas que dão conta de raciocínios informais e de suas expressões em linguagem comum. Noutros termos, o que antigamente era considerado como devendo estar excluído da ciência por falta de "coerência" ou de "clareza" lógica, hoje em dia é potencialmente resgatável. A pesquisa não perde a sua legitimidade científica pelo fato de ela estar em condição de incorporar raciocínios imprecisos, dialógicos ou argumentativos acerca de problemas relevantes. Tal incorporação supõe muito mais do que recursos lógicos: a metodologia deve incluir no seu registro o estudo cuidadoso da linguagem em situação e, com isso, o pesquisador não precisa temer a questão da imprecisão. Processar a informação e o conhecimento obtidos em situações interativas não constitui, em si mesmo, uma infração contra a ciência social.

Alguns detratores da pesquisa-ação (e da pesquisa participante) — e, em certos casos, alguns de seus partidários — divulgam a ideia segundo a qual tal orientação de pesquisa não teria lógica, nem estrutura de raciocínio, não haveria hipóteses, inferências, enfim, seria sobretudo uma questão de sentimento ou de vivência. Como já foi sugerido, achamos este ponto de vista equivocado, sobretudo quando são partidários da "linha alternativa" que o defendem. Não há pesquisa sem raciocínio. Quando não queremos pensar, raciocinar, conhecer algo sobre o mundo circundante, é melhor não pretendermos pesquisar. Além disso, quando queremos interferir no mundo, precisamos de conceitos, hipóteses, estratégias, comprovações, avaliações e outros aspectos de uma atividade intelectual.

É necessário descrever alguns aspectos da estrutura de raciocínio subjacente à pesquisa-ação. A dificuldade está no fato de que não se trata de uma estrutura lógica simples, enquadrável em poucas fórmulas conhecidas. Tal estrutura contém momentos de raciocínio de tipo inferencial (não limitados às inferências lógicas e estatísticas) e é moldada por processos de argumentação ou de "diálogo" entre vários interlocutores. O objetivo da análise (ou descrição) desta estrutura cognitiva não é mero jogo formalista. Não se trata de chegar a uma formalização lógica nem a um cálculo de proposições ou à manipulação de variáveis simbolicamente representadas. O principal objetivo consiste em oferecer ao pesquisador melhores condições de compreensão, decifração, interpretação, análise e síntese do "material" qualitativo gerado na situação investigativa. Este "material" é essencialmente feito de linguagem, sob formas de simples verbalizações, imprecações, discursos ou argumentações mais ou menos elaboradas. A significação do que ocorre na situação de comunicação estabelecida pela investigação passa pela compreensão e a análise da linguagem em situação. Um mínimo de conhecimento nesse setor é necessário para que o pesquisador não caia em ingenuidades. Por exemplo, se desconhecesse a natureza discursiva do que está sendo produzido, o pesquisador poderia não enxergar as "jogadas" argumentativas dos vários parceiros e, finalmente, tomar o que é dito como simples e fiel expressão da "realidade" ou da "verdade".

No processo investigativo, a argumentação se manifesta de modo particularmente significativo no decorrer das deliberações relativas à interpretação dos fatos, das informações ou das ações dos diferentes atores da situação.

A argumentação, no nosso contexto, designa várias formas de raciocínio que não se deixam enquadrar nas regras da lógica convencional e que implicam um relacionamento entre pelo menos dois interlocutores, um deles procurando convencer o outro ou refutar seus argumentos. Esta discussão adquire uma forma de diálogo, que pode ser de caráter construtivo quando os interlocutores buscam conjuntamente as soluções. A forma pode também ser "destrutiva" quando houver polêmica, caso em que um dos interlocutores pretende destruir os argumentos do outro. De acordo com a teoria de C. Perelman e L. Olbrechts-Tyteca (1976), os processos argumentativos levam em conta a presença — real ou imaginária — de um auditório sobre o qual se exercem influências e cujas reações são capazes de fortalecer ou de enfraquecer as posições de um ou outro interlocutor a respeito de um determinado assunto.

Como se sabe, na antiguidade grega o raciocínio próprio à argumentação era designado pela noção de "dialética". Esta noção tem sido utilizada em outros contextos com definições muito diferentes a partir do século XIX, marcado pelo hegelianismo e pelo marxismo. No seu sentido antigo, a noção de dialética permitia salientar o caráter crítico dos raciocínios articulados em situações de discussão ou de debates, com vários graus de polemicidade em torno de questões controvertidas.

Do ponto de vista científico tradicional, os processos argumentativos da linguagem ordinária são repletos de ambiguidades e, logo, inutilizáveis como instrumentos de raciocínio rigoroso. Após ter prevalecido durante vários séculos, esse ponto de vista tende a ser substituído por um outro, ainda em discussão ao nível filosófico, segundo o qual a racionalidade da lógica formal é rigorosa, porém não permite dar conta das "sutilezas", "funções" e "flutuações" das interações argumentativas, discursivas ou dialógicas.

Além do mais, alguns filósofos atuais consideram que a argumentação está presente inclusive nas formas superiores de racionalidade. Segundo V. Descombe, assistimos ao "reconhecimento da natureza argumentativa do que os filósofos chamam razão e cujo uso não é evidentemente limitado às ciências exatas, nem às outras ciências, encontra-se tanto nas diversas transações humanas como na deliberação prática" (Descombe, 1984).

No contexto específico da pesquisa social, que consideramos aqui, a noção de argumentação pode chegar a substituir a tradicional noção de "demonstração". Esta última exige um grau maior de formalização ou de axiomatização que é muito difícil, raramente alcançável em ciência social e praticamente impossível em pesquisas de finalidade prática. Embora objeto de discussão, a noção de demonstração ainda faz sentido em matemática, lógica e ciências exatas nas quais o arcabouço matemático é muito desenvolvido. A matematização das ciências sociais ainda é muito precária e frequentemente não passa de uma formulação estatística do processamento de dados empíricos. Na própria interpretação qualitativa dos resultados quantitativos, sempre há aspectos argumentativos (ou deliberativos) para dar sentido ao que se pretende em funçao de objetivos científicos (descrição objetiva, comprovação etc.) e, algumas vezes, extracientíficos (justificar uma situação, enfraquecer um adversário, influenciar o "auditório"). No entanto, é preciso fazer algumas ressalvas. Se toda forma de razão é discussão, isto não quer dizer que todas as discussões sejam expressão da razão. Muito pelo contrário. Dentro da discussão que acompanha a pesquisa, a busca da racionalidade deve ser um constante objetivo dos pesquisadores. O que exige, como já foi sugerido, um determinado tipo de precauções metodológicas e a minimização dos aspectos extracientíficos.

A teoria da argumentação diz respeito aos procedimentos ou regras de constituição dos debates públicos, das deliberações jurídicas e das discussões em diversos campos de atuação, inclusive o das ciências sociais, quando concebidas num quadro não positivista. Segundo

C. Perelman e L. Olbrechts-Tyteca, a teoria da argumentação não se enquadra na lógica formal e se limita ao conhecimento aproximativo. Escrevem eles: "O domínio da argumentação é o do verossimilhante, do plausível, do provável, na medida em que este último escapa às certezas do cálculo" (Perelman e Olbrechts-Tyteca, 1976, p. 1). Em vez da estrutura lógico-formal, há na investigação social o reconhecimento de um processo argumentativo. Tal tipo de investigação não é do tipo das ciências exatas e abandonou qualquer veleidade de sê-lo. Com isso se procura reconhecer o valor cognoscitivo do processo argumentativo (ou deliberativo). Abandonou-se também a ideia segundo a qual haveria um único tipo de comprovação séria: a comprovação observacional e quantificada das ciências da natureza. Não se pretende fazer previsões a partir de cálculos numéricos. Trata-se apenas de previsões argumentadas, estabelecendo qualitativamente as condições de êxito das ações e avaliando subjetivamente a probabilidade de tal ou qual acontecimento, o que, de fato, não está aquém da nossa atual capacidade de antecipação em matéria de assuntos sociais.

A abordagem metodológica que é específica ao que designamos pela noção de pesquisa-ação apresenta muitas características que são próprias aos processos argumentativos. Tais processos se encontram explicitamente na explicação e nas interpretações em ciências sociais e, a nosso ver, desempenham um claro papel no caso dos métodos alternativos em pesquisa social.

Aplicando algumas noções da perspectiva argumentativa ao caso particular da pesquisa-ação, podemos notar que os aspectos argumentativos se encontram:

a) na colocação dos problemas a serem estudados conjuntamente por pesquisadores e participantes;
b) nas "explicações" ou "soluções" apresentadas pelos pesquisadores e que são submetidas à discussão entre os participantes;

c) nas "deliberações" relativas à escolha dos meios de ação a serem implementados;
d) nas "avaliações" dos resultados da pesquisa e da correspondente ação desencadeada.

Observamos que no decorrer do processo de investigação os aspectos argumentativos, presentes nas formas de raciocínio, são articulados principalmente em situações de discussão (ou de "diálogo") entre pesquisadores e participantes. Discussão é diferente de debate, pois esta última noção remete a situações nas quais os interlocutores defendem posições geralmente incompatíveis. No caso da discussão, os pesquisadores e participantes efetivos estabelecem uma "comunidade de espíritos" ou um "vínculo intelectual". No entanto, isto não exclui que de vez em quando haja também elementos de polêmica. Além disso, a "comunidade de espíritos" não precisa ser de natureza religiosa. Não se trata de fazer os participantes aderirem a dogmas preestabelecidos, como no caso da atividade de grupos religiosos ou de grupúsculos políticos sectários. É apenas uma questão de se chegar ao consenso acerca da descrição de uma situação e a uma convicção a respeito do modo de agir.

Todo processo argumentativo supõe a existência de um auditório, nos sentidos real e figurado. No caso dos processos argumentativos operando no contexto da pesquisa-ação, podemos imaginar a presença de um auditório estruturado em vários níveis:

a) o "auditório" efetivo constituído pelos grupos de participantes exercendo um papel ativo nos diversos tipos de seminários de pesquisa ou assembleias de discussão de resultados;
b) o conjunto da população no qual a pesquisa é organizada e para o qual é dirigida uma série de informações por intermédio de diversos meios de comunicação formal e informal;

c) os diferentes setores sociais (ligados ao poder ou não) que não são diretamente incluídos no campo de pesquisa, mas sobre os quais os resultados da pesquisa podem exercer alguma forma de influência;

d) setores acadêmicos interessados na pesquisa social e suscetíveis de dar palpites favoráveis ou desfavoráveis acerca dos pesquisadores e dos resultados de suas atividades. Entre os possíveis efeitos que a pesquisa-ação pode exercer sobre o "auditório" acadêmico há todo um leque de atitudes possíveis: reforçar o desprezo, abrir a discussão, iniciar revisões nos padrões metodológicos etc.

No processo argumentativo, ao levarem em consideração a presença de um ou outro dos vários "auditórios", os interlocutores não estão necessariamente procurando efeitos visando a sua satisfação própria. Na argumentação podemos encontrar táticas de luta, manipulações de sentido, deturpações etc. O pesquisador não aceita qualquer argumento na elaboração das interpretações. Em particular, ele tem que criticar os argumentos contrários ao ideal científico (parcialidade, engano etc.) e promover aqueles que fortalecem a objetividade e a racionalidade dos raciocínios, embora com flexibilidade.

Veremos nos próximos itens que existem aspectos argumentativos em vários momentos importantes do raciocínio subjacente à pesquisa, em particular quando se trata de lançar uma hipótese, fazer uma inferência, comprovar um resultado ou enunciar uma generalização.

5. Hipóteses e comprovação

Muitos autores consideram que, na pesquisa-ação, não se aplica o tradicional esquema: formulação de hipóteses/coleta de dados/comprovação (ou refutação) de hipóteses. Este esquema não seria aplicável nas situações sociais de caráter emergente, com aspectos de conscientização, aprendizagem, afetividade, criatividade etc. (Liu, s/d.). A pesquisa-ação seria um procedimento diferente, capaz de explorar as situações e problemas para os quais é difícil, senão impossível, formular hipóteses prévias e relacionadas com um pequeno número de variáveis precisas, isoláveis e quantificáveis. É o caso da pesquisa implicando interação de grupos sociais no qual se manifestam muitas variáveis imprecisas dentro de um contexto em permanente movimento.

Seja como for, podemos considerar que a pesquisa-ação opera a partir de determinadas instruções (ou diretrizes) relativas ao modo de encarar os problemas identificados na situação investigada e relativa aos modos de ação. Essas instruções possuem um caráter bem menos rígido do que as hipóteses, porém desempenham uma função semelhante. Com os resultados da pesquisa, essas instruções podem sair fortalecidas ou, caso contrário, devem ser alteradas, abandonadas ou substituídas por outras. A nosso ver, a substituição das hipóteses por diretrizes não implica que a forma de raciocínio hipotética seja dispensável no decorrer da pesquisa. Trata-se de definir problemas de conhecimento ou de ação cujas possíveis soluções, num primeiro momento, são consideradas como suposições (quase-hipóteses) e, num segundo momento, objeto de verificação, discriminação e comprovação em função das situações constatadas.

O padrão convencional de pesquisa social empírica adota, em geral, um esquema hipotético baseado em comprovação estatística frequentemente associado ao experimentalismo. Esta concepção tem seus méritos e seus defeitos. Mas o que importa é salientarmos que este esquema não é o único possível, sobretudo no contexto impreciso da pesquisa social. Sem abandonarmos o raciocínio hipotético, parece-nos perfeitamente cabível a formulação de quase-hipóteses dentro de um quadro de referência diferente e principalmente qualitativo e argumentativo.

O experimentalismo, ao qual pertence o esquema hipotético sob forma quantitativa, pode ser visto como uma filosofia da pesquisa de laboratório de acordo com a qual o pesquisador testa cada hipótese e altera certas variáveis para conhecer os efeitos de algumas delas sobre as outras. Nesta concepção, o experimento é válido quando sua repetição reproduz sempre os mesmos resultados, independentemente do experimentador, o que seria condição do estabelecimento de regularidades, leis e, finalmente, teorias comprovadas.

Ao nível epistemológico, os críticos do experimentalismo em ciências humanas consideram que se trata de uma inadequada transposição das exigências das ciências da natureza (ciências experimentais). Além disso, a relação entre as variáveis é geralmente concebida de modo causal e mecanicista, o que é fortemente criticado, inclusive em amplos setores das ciências da natureza. No caso particular da pesquisa social (e também psicossocial), os fenômenos não possuem o caráter de perfeita repetitividade, como no caso de fatos mecânicos, e além do mais o papel do pesquisador nunca é neutro dentro do campo observado. Uma outra crítica frequentemente apresentada consiste no argumento relativo à impossibilidade de isolar, no experimento ou no local de observação social, os fatores intervenientes que dependem do contexto social ou histórico. O conhecimento gerado nessas condições teria então o aspecto de artefato (representação muito distorcida pelas próprias condições da pesquisa).

Um outro aspecto negativo do esquema hipotético associado ao experimentalismo — particularmente sensível em ciências humanas — está no fato de que, ao procurar as informações necessárias à verificação das hipóteses, o pesquisador é frequentemente induzido a distorções quanto à observação dos fatos e à seleção das informações pertinentes. Isto foi bastante analisado no contexto da pesquisa em psicologia social por R. Rosenthal e R. Rosnow (1981), que analisaram a interferência das expectativas dos pesquisadores sobre os resultados da pesquisa e também a interferência dos pesquisados em função das expectativas que eles têm para com os pesquisadores. Além do que precede, na crítica ao experimentalismo há igualmente questionamentos relacionados com o caráter aético de certos experimentos de laboratório (Rosnow, 1981, p. 55-72).

Na maioria das pesquisas sociais direcionadas em função de uma concepção experimentalista, os pesquisadores não recorrem a experimentos de laboratório. A pesquisa convencional abrange populações reais, sobretudo por meio de um plano de amostragem a partir do qual são escolhidas as pessoas a serem interrogadas. O isolamento das variáveis e a simulação da variação de algumas delas são efetuados por meio de análise estatística das respostas coletadas. Dentro da concepção experimentalista, a hipótese é sobretudo considerada como suposição relacionando variáveis quantitativas a serem submetidas a testes estatísticos.

Mas é exagero querer submeter a testes estatísticos todas as hipóteses. Isto corresponde a uma visão restritiva, pois na área de ciências sociais (e humanas) nem todas as variáveis consideradas são quantificáveis. Frequentemente, a quantificação artificial por meio de escalas de certos aspectos (atitudes, por exemplo) nada acrescenta ao que se pode pretender em termos de comprovação.

O fato de que todas as hipóteses não precisam ser testadas estatisticamente é amplamente reconhecido por diversos autores, até mesmo no contexto da pesquisa de padrão clássico. Por exemplo, C. M. Castro considera que: "O teste de hipótese é uma maneira formal e elegante de mostrar a confiança que pode ser atribuída a certas proposições. Se essa confiança pode ser medida e estabelecida, é injustificável a omissão do teste. Mas, quando a natureza dos dados ou do problema não nos permite avaliar formalmente a confiança, não há desdouro para a ciência ou para o investigador em dizer apenas isso em seu relatório de pesquisa" (Castro, 1977, p. 104).

Podemos também considerar que a redução de todos os tipos de hipóteses ao tipo de hipótese estatística constitui um equívoco relacionado com o predomínio dos métodos quantitativos. Mas em si não se justifica.

Os próprios estatísticos profissionais reconhecem que se deve manter uma distinção entre "hipótese científica" e "hipótese estatística":

> Uma hipótese científica é uma sugestão de solução a um problema e constitui um tateio inteligente, baseado em uma ampla informação e em uma educação estruturada subjacente. [...] A formulação de uma boa hipótese científica é um ato realmente criativo. Por outro lado, a hipótese estatística não é senão um enunciado a respeito de um parâmetro desconhecido. [...] É de suma importância distinguir a hipótese científica da estatística, já que é muito factível provar ou contrapor hipóteses estatísticas muito reduzidas e sem a menor relevância científica (Glass e Stanley, 1974, p. 273).

Após essas considerações, parece-nos mais claro que o raciocínio hipotético não deveria ser confundido com os excessos da visão experimentalista e quantitativista que é muito difundida entre pesquisadores de orientação tradicional. Pensamos que é perfeitamente viável a flexibilização do raciocínio hipotético, de acordo com a qual a hipótese é uma suposição criativa que é capaz de nortear a pesquisa inclusive nos seus aspectos qualitativos. As hipóteses (ou diretrizes) qualitativas orientam, em particular, a busca de informação pertinente e as argumentações necessárias para aumentar (ou diminuir) o grau de certeza que podemos atribuir a elas. Isto não quer dizer que devamos cair no excesso oposto: existem hipóteses acerca de variáveis quantitativas a serem submetidas a testes estatísticos quando for julgado necessário.

A formulação de hipóteses (ou de quase-hipóteses) permite ao pesquisador organizar o raciocínio estabelecendo "pontes" entre as ideias gerais e as comprovações por meio de observação concreta. Sob forma "suave", na concepção alternativa da pesquisa social, a hipótese é também um elemento na pauta das discussões entre pesquisadores e outros participantes. Apesar das aproximações ou das imprecisões, a hipótese qualitativa permite orientar o esforço de quem estiver pesquisando na direção de eventuais elementos de prova que, mesmo quando não for definitiva, pelo menos permitirá desenvolver a pesquisa. Com a hipótese e os meios colocados à disposição do pesquisador para refutá-la ou corroborá-la, a produção do discurso gerada pela pesquisa não perde o contato com a realidade e faz progredir o conhecimento.

Até mesmo quando se trata de dados pouco "transparentes", a busca de provas é necessária. Uma prova não precisa ser absolutamente rigorosa. No nosso campo de estudo, muitas vezes basta uma boa refutação verbal ou uma boa argumentação favorável que leve em conta testemunhas e informações empíricas e permita que os participantes (ou os "auditórios" de maior abrangência) compartilhem uma noção de suficiente objetividade, convicção e justeza. O espírito de prova exige que todas as informações colhidas sejam passadas pelo crivo da crítica dos pesquisadores e outros participantes dos seminários de pesquisa. Em particular, é necessário ficarmos atentos às informações do tipo "rumores", geradas a partir de fontes ocultas, e a todos os tipos de distorções que se manifestam na percepção da realidade exterior, nos envolvimentos emocionais ou outros. É necessário que o contexto de captação de cada informação seja perfeitamente identificado e que a constatação dos fatos controvertidos seja controlada por vários pesquisadores.

O fato de recorrer a procedimentos argumentativos leva o pesquisador a privilegiar a apreensão qualitativa. Mas devemos salientar que isto não significa que os métodos e dados quantitativos estejam descartados, pois em muitas argumentações o "peso" ou a frequência de um acontecimento é levado em consideração como meio de fortalecer ou de enfraquecer um argumento. Além disso, se os deliberantes ignorassem tudo dos aspectos quantitativos implicados num determinado problema real, sua argumentação seria provavelmente inadequada ou "descontrolada". Em conclusão, a ênfase dada aos procedimentos argumentativos não exclui os procedimentos quantitativos. Estes são necessários para o "balizamento" dos problemas ou das soluções. O que é descartado é a pretensão "quantitativista" que alguns pesquisadores têm de "resolver" todas as questões metodológicas da pesquisa exclusivamente por meio de medições e números.

6. Inferências e generalização

Na pesquisa social sempre é metodologicamente problemática a passagem entre o nível local e o nível global. No primeiro, são realizadas as observações de unidades particulares: indivíduos, grupos restritos, locais de moradia, trabalho ou lazer etc. No segundo, são apreendidos fenômenos abrangendo toda a sociedade ou um amplo setor de atividades, um movimento de classe, o funcionamento das instituições etc. O problema da relação envolve aspectos quantitativos e qualitativos. No plano quantitativo, é possível tratá-lo com os clássicos recursos estatísticos: técnicas de amostragem e inferência controlada, com as quais as observações obtidas nas amostras são generalizadas ao nível do universo global, considerando margens de confiabilidade.

De modo geral, a inferência é considerada como passo de raciocínio possuindo qualidades lógicas e meios de controle. No caso da generalização, a inferência é sobretudo tratada como problema estatístico e pressupõe uma quantificação das variáveis observadas. As inferências estatísticas são controladas pelos pesquisadores por meio de testes apropriados (Miller, 1977). Tais inferências, por necessárias que sejam, dão lugar ao mesmo tipo de discussão evocada anteriormente no que dizia respeito aos testes de hipóteses.

Noutras palavras, podemos considerar que a concepção estatística das inferências não esgota toda a complexidade qualitativa das inferências no contexto particular da pesquisa social.

As inferências constituem passos do raciocínio na direção da generalização. Isto corresponde à indução. Existe também inferência em direção oposta: passagem de proposições gerais a proposições relativas a casos particulares. Antes de serem problema de estatística, as inferências são tema de lógica. O seu controle remete ao conhecimento de algumas regras de lógica elementar.

Na pesquisa social, ocorre que muitas expressões analisadas no contexto de sua geração, e que muitos dos raciocínios que os pesquisadores efetuam a partir delas, não se prestam facilmente à formalização e ao controle lógico. Como visto anteriormente, há sempre um grande espaço reservado aos raciocínios informais, aproximativos argumentativos etc. Os leigos, como também os cientistas, nos seus raciocínios cotidianos, recorrem a inferências generalizantes ou particularizantes sem rigor lógico: são inferências formuladas em linguagem comum. Exemplo de forma generalizante: "Cada vez que isto acontece a situação se deteriora". Exemplo de forma particularizante: "Já que a situação econômica vai melhorar, a nossa condição vai também melhorar". Essas inferências não estabelecem necessariamente a verdade. Os passos de raciocínio operados por elas pressupõem um determinado contexto social, uma ideologia ou uma tradiçao cultural. Muitas inferências são baseadas no senso comum e, algumas delas, no chamado "bom senso", considerado por Antonio Gramsci como núcleo racional da sabedoria popular (Gramsci, 1959, p. 47 ss.). As inferências em linguagem comum são controláveis ou compreendidas em função do contexto sociocultural no qual elas são proferidas. Muitas vezes, para as entendermos, isto é, reconhecermos seu fundo de racionalidade (ou de irracionalidade), precisamos explicitar seus pressupostos ou fazer que o interlocutor os explicite.

No contexto qualitativo da pesquisa social, o problema da generalização é situado em dois níveis: o dos pesquisadores, quando estabelecem generalizações mais ou menos abstratas (ou teóricas) acerca das características das situações ou comportamentos observados; e o dos participantes que generalizam, em geral com menos abstrações e a partir de noções que lhes são familiares.

Mesmo em situação de pesquisa da qual participam conjuntamente os pesquisadores e os membros de uma população observada, os pesquisadores devem ficar atentos em não confundir as inferências efetuadas por eles e as inferências efetuadas pelos outros participantes. Os pesquisadores devem identificar as generalizações populares e cotejá-las com as generalizações teóricas. A comparação dos dois tipos de raciocínio constitui uma importante fonte de informação para se saber até que ponto existe uma real intercompreensão, a possibilidade de diálogo e de transformações nos modos de pensar acerca de determinados problemas.

Além disso, a partir desta orientação, é possível avaliar diversos graus de aproximação ou de adequação dos conhecimentos em questão. Às vezes, o bom senso popular está mais próximo do que se pode chamar de verdade, em termos realistas. Noutros casos, há nas generalizações populares exageros, unilateralidade, ou erros cometidos em função do predomínio de uma ideologia ou de crenças particulares. Mas isto não quer dizer que as generalizações dos pesquisadores sejam sempre de melhor qualidade. Algumas vezes os pesquisadores "espontaneístas" só reproduzem ingenuamente as generalizações populares. Outros, menos empiristas, as reproduzem com um jargão mais sofisticado, sem estarem em condição, no entanto, de controlar os desvios. A nossa perspectiva exige um controle mútuo estabelecido de forma dialógica a partir da discussão entre pesquisadores e participantes. Nesse diálogo, os pesquisadores trazem o que sabem, isto é, o conhecimento de diversos elementos de teorias ou de experiências anteriormente adquiridas.

As inferências generalizantes e particularizantes que são efetuadas pelos pesquisadores são objeto de controle metodológico. De acordo com o que já discutimos acerca do papel da metodologia, os pesquisadores não podem aceitar qualquer tipo de raciocínio ao nível da explicação ou da interpretação dos fatos. Independentemente das exigências estatísticas e lógicas que podem ser aplicadas nos casos de uma quantificação ou de uma formalização do conhecimento, os pesquisadores aplicam outros tipos de exigências no que diz respeito aos aspectos qualitativos das inferências. Uma primeira exigência dessa ordem consiste em identificar os defeitos da generalização, em particular aqueles que consistem em, a partir de poucas informações locais, tirar conclusões para o conjunto da população ou do universo. Em muitas pesquisas feitas localmente, como no caso da pesquisa-ação, é possível até renunciar a generalizações superiores à situação efetivamente investigada. No entanto, uma generalização pode ser progressivamente elaborada a partir da discussão dos resultados de várias pesquisas organizadas em locais ou situações diferentes.

Uma segunda exigência consiste em identificar as formas ideológicas que interferem na generalização. Não se trata de pretender pesquisar sem nenhuma ideologia. Mas os pesquisadores deveriam estar em condições de estabelecer suas generalizações com base em teorias explicitadas e utilizadas dentro de um processo de raciocínio no qual a informação concreta fosse realmente tomada em consideração. Quando a interferência ideológica é excessiva, os dados obtidos na investigação são sem valor. Seja qual for a sua variabilidade, esses dados são encaixados em categorias e generalizações que, em si mesmas, podem ser discursivamente pronunciadas independentemente de qualquer observação.

Defeitos semelhantes devem ser objeto de controle no que diz respeito à particularização, em particular na passagem das ideias ou conceitos gerais aos indicadores que são levados em consideração na observação do campo empírico.

7. Conhecimento e ação

A relação entre conhecimento e ação está no centro da problemática metodológica da pesquisa social voltada para a ação coletiva. Em si própria, esta relação constitui um tema filosófico que foi desenvolvido de diversas maneiras por várias tendências filosóficas. Mas, ao nosso conhecer, raramente foi tratado como tal ao nível da metodologia de pesquisa social. Apresentaremos aqui apenas algumas observações introdutórias.

A relação entre conhecimento e ação existe tanto no campo do agir (ação social, política, jurídica, moral etc.) quanto no campo do fazer (ação técnica). Entre as formas de raciocínio existem analogias (e também diferenças) entre as estruturas do "conhecer para agir" e do "conhecer para fazer". O problema da relação entre conhecimento e ação pode ser abordado no contexto das ciências sociais e também no da tecnologia (Thiollent, 1984b, p. 517-44). Aqui só o abordaremos no primeiro.

A relação entre pesquisa social e ação consiste em obter informações e conhecimentos selecionados em função de uma determinada ação de caráter social. A passagem do conhecer ao agir se reflete na estrutura do raciocínio, em particular em matéria de transformação de proposições indicativas ou descritivas (por exemplo: "a situação está assim...") em proposições normativas ou imperativas ("temos que fazer isto ou aquilo para alterar a situação"). Isto supõe que seja estabelecido algum tipo de relacionamento entre a descrição de fatos e normas de ação dirigida em função de uma ação sobre esses fatos, ou de uma transformação dos mesmos.

É claro que as normas geralmente não são geradas na própria situação empírica da pesquisa. Pertencem a ideologias, perspectivas políticas ou culturais, aos movimentos sociais ou ao funcionamento das instituições. O raciocínio consiste em aplicar essas normas do plano geral, no qual se apresentam, no plano concreto dos fatos sob observação submetidos a transformações. Todavia, a passagem da proposição de fato para a proposição normativa não oferece garantia lógico-formal (Blanché, 1973, p. 211), pois não é a descrição do fato que determina o tipo de transformação que lhe será aplicado. Sempre intervém um sistema normativo, com aspectos ideológicos, políticos, jurídicos etc., que é subjacente ao trabalho que consiste em reunir pesquisa e ação. Não se trata de lamentar o envolvimento da metodologia de pesquisa social com um sistema normativo, só basta estarmos cientes das suas implicações. Deontologicamente, os pesquisadores avaliam as condições éticas do funcionamento da pesquisa e de suas finalidades práticas. Em certos casos, os pesquisadores podem ser obrigados a impedir a realização de certas pesquisas ou de certos tipos de aproveitamentos de seus resultados ao nível da ação.

Na relação entre obtenção de conhecimento e direcionamento da ação há espaço para um desdobramento do controle metodológico em controle ético. Os pesquisadores discutem, avaliam e retificam o envolvimento normativo da investigação e suas propostas de ação decorrentes. Frequentemente, na relação entre descrição e norma de ação, o ponto de partida não é a descrição objetiva e sim as exigências associadas à norma. Isto é metodologicamente condenável. Em função de uma norma de ação preexistente, instituída ou não, o pesquisador pode ser levado a descrever os fatos de um modo favorável às consequências práticas correspondentes às exigências daquela norma. Trata-se de um efeito de "contaminação" das normas de ação sobre a observação ou a descrição. Não sabemos se é possível neutralizar esse efeito. Seja como for, esta fonte de distorção deve ficar sob controle dos pesquisadores, dos pontos de vista metodológico e ético.

(No que precede, entendemos por norma de ação instituída uma norma que já faz parte do código explícito de uma instituição. A norma de ação é não instituída quando se refere a um movimento social ou a uma atividade informal. A norma de uma ação informal pode estar relacionada com o objetivo de modificar as normas do padrão de ação instituída.)

É frequentemente discutida a real contribuição da pesquisa-ação em termos de conhecimento. Na prática, nem todas as pesquisas-ação chegam a contribuir para a produção de conhecimentos novos. Aliás, sejam quais forem suas orientações, nem todas as pesquisas particulares podem ter essa pretensão. Entre outras, muitas pesquisas de opinião se limitam a oferecer uma "fotografia" numérica do que todo mundo já sabia.

Entre os objetivos de conhecimento potencialmente alcançáveis em pesquisa-ação temos:

a) A coleta de informação original acerca de situações ou de atores em movimento.
b) A concretização de conhecimentos teóricos, obtida de modo dialogado na relação entre pesquisadores e membros representativos das situações ou problemas investigados.
c) A comparação das representações próprias aos vários interlocutores, com aspecto de cotejo entre saber formal e saber informal acerca da resolução de diversas categorias de problemas.
d) A produção de guias ou de regras práticas para resolver os problemas e planejar as correspondentes ações.
e) Os ensinamentos positivos ou negativos quanto à conduta da ação e suas condições de êxito.
f) Possíveis generalizações estabelecidas a partir de várias pesquisas semelhantes e com o aprimoramento da experiência dos pesquisadores.

8. O alcance das transformações

Com a pesquisa-ação pretende-se alcançar realizações, ações efetivas, transformações ou mudanças no campo social. Alguns autores têm mostrado toda a imprecisão e as ambiguidades dessas expressões. Segundo J. Ezpeleta (1984), a noção de "transformação da realidade" é indiscriminadamente utilizada por partidários da pesquisa participante ou da pesquisa-ação para designarem fatos muitos diversos: modificação de comportamento grupal, modificação de hábitos alimentares, fenômenos cognoscitivos de sujeitos individuais etc. A noção de "transformação" é frequentemente assimilada à de "mudança social". Além disso, há uma confusão frequente entre "categorias estruturais" (sistemas sociais, classes etc.) e categorias relativas a situações particulares.

A nosso ver, este tipo de crítica é procedente. Na literatura disponível sobre pesquisa-ação existem confusões relacionadas com a imprecisão da linguagem, que mesclam a descrição dos efeitos ao nível da sociedade como um todo com a dos efeitos ao nível intermediário (instituições) e com a dos efeitos ao nível dos comportamentos de pequenos grupos ou de indivíduos. A não definição das transformações permite ocultar o real alcance da pesquisa-ação, frequentemente limitada aos efeitos sobre pequenos grupos, e alimentar ilusões sobre a transformação geral da sociedade em sentidos modernizador ou revolucionário.

Na definição do real alcance da proposta transformadora associada à pesquisa é necessário esclarecer cuidadosamente as possíveis inter-relações entre os três níveis: grupos e indivíduos, instituições intermediárias, sociedade global. É preciso deixar de manter ilusões acerca de transformações da sociedade global quando se trata de um trabalho localizado ao nível de grupos de pequena dimensão, sobretudo quando são grupos desprovidos de poder. Além disso, já que se trata de transformar algo, é preciso ter uma visão dinâmica acerca do desenvolvimento da pesquisa no qual devem estar presentes considerações estratégicas e táticas para saber como alcançar os objetivos, superar ou contornar os obstáculos, neutralizar as reações adversas etc.

A questão da ação transformadora deve ser colocada desde o início da pesquisa em termos realistas. Várias situações podem ser distinguidas:

a) Quando os participantes possuem uma clara ideia dos objetivos e da ação necessária, o papel dos pesquisadores consiste essencialmente em assessorar as decisões correspondentes ao que for factível nas melhores condições e extrair da prática diversos ensinamentos.
b) Quando se trata de uma ação de tipo técnico (autoconstrução, produção de um jornal, uso de uma técnica agrícola etc.), a ação é

definida em função dos meios técnicos e econômicos necessários, em função do saber próprio dos usuários e do contexto social.

c) Quando se trata de uma ação de caráter cultural, educacional ou político, os pesquisadores e participantes devem estar em condição de fazer uma avaliação realista dos objetivos e dos efeitos e não ficarem satisfeitos ao nível das declarações de intenção (como muitas vezes ocorre). O desenrolar e a avaliação de uma ação cultural são talvez mais difusos e menos evidentes do que no caso de atos técnicos bem definidos.

Em matéria de conscientização e de comunicação, as transformações se difundem através do discurso, da denúncia, do debate ou da discussão. O que é transformado são as representações acerca das situações em que atuam os interessados e os seus sentimentos de hostilidade ou de solidariedade.

Devemos deixar bem claro que quando se consegue mudar algo dentro das delimitações de um campo de atuação de algumas dezenas ou centenas de pessoas, tais mudanças são necessariamente limitadas pela permanência do sistema social como um todo, ou da situação geral. O sistema social nunca é alterado duravelmente por pequenas modificações ocorrendo na consciência de algumas dezenas ou centenas de pessoas. Não deve haver confusão a respeito do real alcance da pesquisa-ação quando é aplicada em campos de pequena ou média dimensão.

A justa apreciação do alcance das transformações associadas à pesquisa-ação não passa por critérios únicos. Cada situação é diferente das outras. Quando as ações adquirem uma dimensão objetiva de fácil identificação (por exemplo: produção, manifestação coletiva etc.), os resultados podem ser avaliados em termos tangíveis: quantidade produzida, número de pessoas mobilizadas etc. A ação é acoplada à esfera dos fatores subjetivos e, portanto, faz-se mister distinguir vários graus na tomada de consciência. De acordo com Paulo Freire, pelo menos duas noções devem ser distinguidas: tomada de consciência e conscientização. A primeira tem um alcance mais limitado do que a segunda. A tomada de consciência é frequentemente limitada a uma "aproximação espontânea", sem caráter crítico. A conscientização supõe um desenvolvimento crítico da tomada de consciência, permite desvelar a realidade, incide ao nível do conhecimento numa postura epistemológica definida e contém até elementos de utopia (Freire, 1980 e 1982). Todos esses aspectos merecem uma avaliação concreta.

9. Função política e valores

A função política da pesquisa-ação é intimamente relacionada com o tipo de ação proposta e os atores considerados. A investigação está valorativamente inserida numa política de transformação.

Podemos definir vários aspectos da função política, dependendo do grau de organização e de autonomia dos grupos participantes. Quando o grupo possui uma ampla autonomia na conduta de suas açoes, a pesquisa exerce a função de fortalecê-la. A produção de informação e a aplicação do conhecimento são orientadas para isso. Um outro aspecto da função política consiste em estreitar as relações que existem entre a organização e sua base por meio dos procedimentos participativos, agregando o maior número possível de seus membros na elucidação dos problemas e das propostas de ação. Há também uma função de elucidação estratégica e tática na relação do ator com seus adversários, concorrentes ou aliados, incluindo a questão da fixação de metas e das prioridades nos planos de ação. Nesse aspecto, a pesquisa visa eliminar o "subjetivismo" dos líderes e certas formas de conhecimento inapropriado, por exemplo, a forma livresca. Outros aspectos da função política são mais diretamente associados ao tema da conscientização daqueles que participam da pesquisa e o conjunto dos outros para os quais são divulgados os resultados. A divulgação recorre a todos os canais formais ou informais que possam ser aproveitados em campanhas de explicação e, em certos casos, de propaganda.

Quando o grau de autonomia dos grupos interessados é fraco e, em particular, quando se trata de uma pesquisa em situação marcada por uma polarização entre dirigentes e dirigidos (como no caso de muitas pesquisas em organização), o consenso é sempre difícil, precário e frequentemente impossível. Numa concepção democrática da pesquisa social é necessário que haja negociação de ambas as partes para se estabelecer um tipo de "contrato" de investigação acerca dos problemas a serem levantados e dos critérios de seleção das soluções e ações a serem implementadas. Os pesquisadores estão lidando com o problema de avaliar o que eles estão propondo e as implicações ao nível dos valores. Vale a pena esclarecer o conteúdo das propostas em termos de reprodução ou de transformação da situação considerada e de conquista de maior autonomia ao nível das partes subalternas.

Partindo do que precede, podemos apresentar algumas indagações sobre a questão dos valores operando na conduta da pesquisa. Toda estratégia de pesquisa possui alguns critérios de orientação valorativa. A pesquisa-ação não é exceção. A moralidade de uma pesquisa-ação depende sobretudo da moralidade da ação considerada e dos meios de investigação mobilizados. Em geral, os agentes sociais cujas práticas são marcadas de imoralidade (corrupção, por exemplo) não precisam de pesquisa-ação. Esta é associada a escolhas valorativas tais como o reconhecimento de causas populares, a prática da democracia ao nível local, a busca de autonomia, a negação da dominação etc. Todos esses aspectos, ou uma seleção dos mesmos, são discutidos pelos pesquisadores. Há também controle dentro do processo de investigação para se evitar possíveis deturpações.

Em si própria, a concepção da pesquisa-ação nunca é livre de valores. Não há nisto qualquer anormalidade: apesar de sua pretensa neutralidade, as tendências convencionais se inserem em estratégias sociais determinadas: assessoramento do poder vigente, tomada de decisão à revelia dos participantes, práticas discutíveis no plano ético ("espionagem ideológica", por exemplo).

De acordo com a concepção da pesquisa-ação, a questão dos valores é abordada de modo explícito, dando lugar à discussão entre pesquisadores e grupos interessados pela investigação e pela ação. O aspecto participativo dos procedimentos é igualmente objeto de controle, pois o discurso da participação não é suficiente, por si só, para assegurar a ausência de manipulações e de escamoteamento das relações de poder subjacentes.

A partir de diversas experiências de pesquisa-ação, em vários contextos, têm surgido algumas regras deontológicas.

Todas as partes ou grupos interessados na situação ou nos problemas investigados devem ser consultados. A pesquisa não pode ser feita à revelia de uma das partes. Numa organização de tipo empresarial, não se pode fazer uma pesquisa sobre os problemas do pessoal sem a participação dos seus representantes e sem o acordo dos sindicatos. Em alguns casos, um comitê com representantes de todas as partes envolvidas é constituído para controlar o desenrolar da pesquisa. Cada parte tem direito de parar a experiência quando julgar que os objetivos da pesquisa, sobre os quais havia acordo, não são respeitados. A avaliação dos resultados é efetuada pelos participantes e pelos pesquisadores. Os resultados são difundidos sem restrição. Uma das partes não pode pretender se apoderar deles exclusivamente.

Essas regras existem no contexto da pesquisa-ação em contexto organizacional (Ortsman, 1978) e frequentemente são formuladas de acordo com o espírito da "participação social" ou da "democracia industrial", segundo a qual todos os "parceiros" devem ser consultados. Na prática, nem sempre foram aplicadas. Quando a proposta de pesquisa é muito mais radical, é possível recorrer a outras regras criando condições de inserção mais profunda dos pesquisadores no movimento no qual atuam os atores considerados.

É sobretudo em função da sua vertente radical que a pesquisa-ação adquire sua especificidade. De acordo com R. Zuñiga:

> A pesquisa-ação é inovadora do ponto de vista científico somente quando é inovadora do ponto de vista sociopolítico, isto quer dizer, quando tenta colocar o controle do saber nas mãos dos grupos e das coletividades que expressam uma aprendizagem coletiva tanto na sua tomada de consciência como no seu comprometimento com a ação coletiva (Zuñiga, 1981, p. 35-44).

A função política da pesquisa-ação é frequentemente pensada como colocação de um instrumento de investigação e ação à disposição dos grupos e classes sociais populares. Segundo R. Franck, o principal objetivo da pesquisa-ação não é apenas o entrosamento da pesquisa e da ação, pois um tal entrosamento existe em muitas pesquisas convencionais a serviço dos grupos dominantes na vida econômica e política. A principal questão é a seguinte: "como a pesquisa (...) poderia tornar-se útil à ação de simples cidadãos, organizações militantes, populações desfavorecidas e exploradas?" (Franck, 1981, p. 160-6).

Capítulo II

CONCEPÇÃO E ORGANIZAÇÃO DA PESQUISA

Vamos abordar uma série de temas e itens relacionados com os aspectos práticos da concepção e da organização de uma pesquisa social orientada de acordo com os princípios da pesquisa-ação. Trata-se de apresentar um roteiro que, naturalmente, não deve ser visto como sendo exaustivo ou como o único possível. Em cada situação, os pesquisadores, juntos com os demais participantes, precisam redefinir tudo o que eles podem fazer. Nosso "roteiro" é apenas um ponto de partida.

O planejamento de uma pesquisa-ação é muito flexível. Contrariamente a outros tipos de pesquisa, não se segue uma série de fases rigidamente ordenadas.[1] Há sempre um vaivém entre várias preocupações a

1. Todavia, vários autores partidários da pesquisa participante têm proposto sequências e fases bem definidas. Ver artigos de M. Gajardo e G. Le Boterf em C. R. Brandão (org.). *Repensando a pesquisa participante*. São Paulo: Brasiliense, 1984, p. 15-50 e p. 51-81.

serem adaptadas em função das circunstâncias e da dinâmica interna do grupo de pesquisadores no seu relacionamento com a situação investigada.

A lista dos temas que apresentamos aqui segue parcialmente uma ordem sequencial no tempo: em primeiro lugar, aparece a "fase exploratória" e, no final, a "divulgação dos resultados". Mas, na verdade, os temas intermediários não foram ordenados numa determinada sequência temporal, pois há um constante vaivém entre as preocupações de organizar um seminário, escolher um tema, colocar um problema, coletar dados, colocar outro problema, cotejar o saber formal dos especialistas com o saber informal dos "usuários", colocar outro problema, mudar de tema, elaborar um plano de ação, divulgar resultados etc. Todas essas tarefas não são consideradas como "fases". Em geral, quando os planejadores de pesquisa elaboram *a priori* uma divisão em fases, eles sempre têm de infringir a ordem em função dos problemas imprevistos que aparecem em seguida. Preferimos apresentar o ponto de partida e o ponto de chegada, sabendo que, no intervalo, haverá uma multiplicidade de caminhos a serem escolhidos em função das circunstâncias.

1. A fase exploratória

A fase exploratória consiste em descobrir o campo de pesquisa, os interessados e suas expectativas e estabelecer um primeiro levantamento (ou "diagnóstico") da situação, dos problemas prioritários e de eventuais ações. Nesta fase também aparecem muitos problemas práticos que são relacionados com a constituição da equipe de pesquisadores e com a "cobertura" institucional e financeira que será dada à pesquisa.

Devido à grande diversidade das situações e à sua imprevisibilidade, é impossível enunciarmos regras precisas para organizar os estudos da fase exploratória. Só daremos algumas indicações.

Um dos pontos de partida consiste na disponibilidade de pesquisadores e na sua efetiva capacidade de trabalhar de acordo com o espírito da pesquisa-ação. O passo seguinte consiste em apreciar prospectivamente a viabilidade de uma intervenção de tipo pesquisa-ação no meio considerado. Trata-se de detectar apoios e resistências, convergências e divergências, posições otimistas e céticas etc. Com o balanço destes aspectos, o estudo de viabilidade permite aos pesquisadores tomarem a decisão e aceitarem o desafio da pesquisa sem criar falsas expectativas. Além do mais, é necessário conceber o lançamento da pesquisa com a habilidade necessária para sua aceitação por parte dos interessados e, eventualmente, das instituições financiadoras. Uma vez resolvidos esses problemas — o que nem sempre é fácil —, a pesquisa poderá começar.

Nos seus primeiros contatos com os interessados, os pesquisadores tentam identificar as expectativas, os problemas da situação, as características da população e outros aspectos que fazem parte do que é tradicionalmente chamado "diagnóstico". Paralelamente a esses primeiros contatos, a equipe de pesquisa coleta todas as informações disponíveis (documentação, jornais etc.).

Em função da competência e do grau de envolvimento dos pesquisadores com a linha da pesquisa-ação, a equipe define sua estratégia metodológica e divide as tarefas consequentes: pesquisa teórica, pesquisa de campo, planejamento de ações etc. A divisão das tarefas nunca é estanque e definitiva. Os pesquisadores participam de todas elas, porém as responsabilidades são distribuídas em função das competências e afinidades. Todos os aspectos são coordenados no seminário. Quando for preciso, também é organizado, na fase inicial, um treinamento complementar para os pesquisadores.

De acordo com o princípio da participação, são destacadas as condições da colaboração entre pesquisadores e pessoas ou grupos envolvidos na situação investigada. Quem são essas pessoas ou grupos em termos sociais e culturais? A que interesses políticos estão vinculados? Já participaram de experiências semelhantes? Com êxito ou fracasso? Dentro da imaginação popular, como são representados os problemas e possíveis soluções?

Que tipo de crença está interferindo? Existe vontade de participar? De que forma? Existe dificuldade de compreensão ou de expressão? Tais são algumas perguntas iniciais cujas respostas podem nortear a exploração dos problemas de participação dos potenciais interessados. Além disso, os pesquisadores costumam praticar um reconhecimento de área. Isto inclui observação visual, consulta de mapas e organogramas e discussão direta com representantes diretos ou indiretos das várias categorias sociais implicadas.

No que diz respeito à metodologia de "diagnóstico", devemos acrescentar algumas precisões. Embora seja frequentemente incorporada à metodologia da pesquisa-ação, a metodologia de diagnóstico possui outras origens (medicina, serviço social etc.) e tem sido concebida de modo não participativo, estabelecendo uma dicotomia entre quem estabelece o resultado do diagnóstico e quem deve se conformar ao mesmo. No contexto médico, a terminologia dos métodos de diagnóstico não apresenta noções de caráter participativo e não destaca noções relacionadas com as potencialidades e a iniciativa própria dos pacientes objeto do diagnóstico.

No contexto do serviço social, os autores têm distinguido o diagnóstico como "processo" do diagnóstico e como "produto". De acordo com a primeira acepção, trata-se de um "processo de identificação dos problemas de uma situação e decisão de meios adequados para encontrar soluções" (Vaisbisch, 1981). Na segunda, o diagnóstico é constituído pelas informações a partir das quais são estabelecidas as metas de ação. Dentro do processo de diagnóstico, os membros da população podem exercer alguma forma de participação, mas, a nosso ver, nem todas as práticas do serviço social permitem a participação e, sobretudo em contexto empresarial, muitos diagnósticos do serviço social são elaborados à revelia dos interessados (trabalhadores assalariados).

Outras críticas à concepção do diagnóstico foram formuladas, no contexto peculiar dos estudos rurais, por Ivandro da Costa Sales, José Augusto dos Santos Ferro e Maria Nelly Cavalcanti Carvalho (1984,

p. 32-44). Os autores mostram que a concepção dominante em matéria de diagnóstico falseia a realidade do pequeno produtor rural, que sempre é visto apenas como "carente". O diagnóstico sempre focaliza o que falta: educação, recursos etc. Não são enxergadas as potencialidades dos produtores e do seu meio circundante. Há também o privilegiamento da percepção dos produtores como indivíduos isolados em detrimento da sua apreensão como grupos fazendo parte do processo da produção coletiva. Os autores enfatizam que, em matéria de produção de conhecimento, o modo tradicional de diagnosticar exerce profundas distorções: o processo de conhecimento é reduzido a uma coleta de dados na qual os produtores são meros informantes (Sales, Ferro e Carvalho, 1984, p. 35). Encontramos no artigo citado uma grande quantidade de outras observações muito pertinentes para criticar a concepção tradicional do diagnóstico e desenvolver uma "perspectiva de aprendizagem da participação" e uma forma de colaboração ativa entre os saberes dos produtores, dos técnicos e dos acadêmicos. Além da área da pesquisa rural, esta perspectiva nos parece sugestiva e aplicável, com adaptações, em muitas outras áreas.

Voltando à caracterização da fase exploratória da pesquisa, na qual a metodologia dos diagnósticos precisa ser reequacionada, podemos considerar que, após o levantamento de todas as informações iniciais, os pesquisadores e participantes estabelecem os principais objetivos da pesquisa. Os objetivos dizem respeito aos problemas considerados como prioritários, ao campo de observação, aos atores e ao tipo de ação que estarão focalizados no processo de investigação.

2. O tema da pesquisa

O tema da pesquisa é a designação do problema prático e da área de conhecimento a serem abordados. Por exemplo, podemos imaginar uma pesquisa sobre o tema: os acidentes de trabalho na indústria metalúrgica.

Este tema é imediatamente associado ao problema prático: como reduzir os acidentes? O tema pode ser definido em termos concretos como relacionado a um campo bem delimitado, por exemplo, os acidentes com prensas na companhia X, ou, ao contrário, ser definido de modo mais conceitual: estrutura de riscos numa relação homem-máquina. De modo geral, o tema deve ser definido de modo simples e sugerir os problemas e o enfoque que serão selecionados. Na pesquisa-ação, a concretização do tema e seu desdobramento em problemas a serem detalhadamente pesquisados são realizados a partir de um processo de discussão com os participantes. É útil que a definição seja a mais precisa possível, isto é, sem ambiguidades, tanto no que se refere à delimitação empírica, quanto no que remete à delimitação conceitual.

Uma vez definido, o tema é utilizado como "chave" de identificação e de seleção de áreas de conhecimento disponível em ciências sociais e outras disciplinas relevantes. No exemplo anterior, elementos de conhecimento serão localizados nas áreas de psicologia industrial, tecnologia, ergonomia, direito trabalhista etc.

A formulação do tema pode ser descritiva: as condições de trabalho na indústria têxtil. Também existe uma formulação de caráter normativo: como melhorar as condições de trabalho na indústria têxtil. Embora muitas vezes seja precária a distinção entre o que é descritivo e o que é normativo, parece-nos necessário tê-la em mente na hora de definir a temática de uma pesquisa-ação. A ação é obrigatoriamente orientada em função de uma norma. No caso, a "melhoria" sempre supõe um "ideal" em comparação ao qual a situação real deveria ser transformada. A "melhoria" é definida em termos relativos, marcando a diferença entre o que é e o que desejamos que seja. Na pesquisa-ação, o caráter normativo das propostas é explicitamente reconhecido. As normas ou critérios das transformações imaginadas são progressivamente definidas. Na prática, as normas de ação dão lugar, algumas vezes, a negociações entre as diversas categorias de participantes.

Em geral, o tema é escolhido em função de um certo tipo de compromisso entre a equipe de pesquisadores e os elementos ativos da situação a ser investigada. Em certos casos, o tema é de antemão determinado pela natureza e pela urgência do problema encontrado na situação. Por exemplo: nos casos de uma remoção de favela ou de uma campanha popular para construir escolas. Em outros casos, o tema emerge progressivamente das discussões exploratórias entre pesquisadores e elementos ativos da situação. Quando um primeiro tema se revelar inviável a curto prazo, por exemplo, por motivo de demasiada complexidade ou de despreparo da equipe, é bom delimitar um tema que esteja ao alcance dentro de um prazo razoável, levando em conta as condições concretas de atuação dos diversos grupos implicados.

Muitos autores consideram que são apenas as populações que determinam o tema. Outros dizem que há sempre uma adequação a ser estabelecida entre as expectativas da população e as da equipe de pesquisadores. A nosso ver, deve haver entendimento. Um tema que não interessar à população não poderá ser tratado de modo participativo. Um tema que não interessar aos pesquisadores não será levado a sério e eles não desempenharão um papel eficiente.

O acordo entre participantes e entre pesquisadores e participantes deve ser procurado. Quando houver conflitos de interesses, a escolha do tema poderá se revelar delicada. Quando possível, o consenso é ideal. No amadurecimento do tema em discussões preliminares, a equipe de pesquisadores desempenha um papel ativo.

Frequentemente, o tema é solicitado pelos atores da situação. Às vezes, sendo mal colocado o problema prático relacionado com o tema inicial, os pesquisadores precisam deslocar um pouco a perspectiva por meio de discussão. No entanto, deve-se deixar bem claro que o tema e as questões práticas a serem tratadas devem ser absolutamente endossadas pelos participantes, pois não poderiam participar numa pesquisa sobre temas distantes de suas preocupações.

Junto com as pessoas que solicitaram a pesquisa, os pesquisadores elucidam a natureza e as dimensões dos problemas designados pelo tema. Tais problemas têm que ser definidos de modo bastante prático e claro aos olhos de todos os participantes, porque a pesquisa será organizada em torno da busca de soluções.

Uma vez selecionados o tema e os problemas iniciais, os pesquisadores poderão enquadrá-los num marco referencial mais amplo, de natureza teórica. Por exemplo, no caso de um estudo de ação junto a uma população dita "marginalizada", os pesquisadores procuram dominar a discussão acerca da problemática da "marginalidade social" e, inclusive, das críticas a que está submetida no contexto atual das ciências sociais.

De acordo com o que precede, entre os diversos quadros teóricos disponíveis, um marco específico é escolhido para nortear a pesquisa e, principalmente, atribuir relevância a certas categorias de dados a partir das quais serão esboçadas as interpretações e equacionadas as possíveis "soluções". É claro que, nesse processo, os pesquisadores não podem aprender tudo o que precisam apenas no contato com as populações. Precisam de uma formação anterior, a mais completa possível, para estarem em condição de definir a problemática adequada ao desenrolar da prática de pesquisa. Nesta fase, a pesquisa bibliográfica é necessária. É possível, também, recorrer ao saber de diversos especialistas dos assuntos implicados, desde que tenham interesse em colaborar no projeto.

Quando os pesquisadores têm os objetivos de pesquisa bem definidos, podem progredir no conhecimento teórico sem deixar de lado a resolução dos problemas práticos sem a qual a pesquisa-ação não faria sentido e não haveria participação. O estudo se desenrola paralelamente ao acompanhamento da ação e dela depende a manutenção do interesse dos participantes. Nesta concepção, a pesquisa não é limitada aos aspectos práticos. Não se trata de simples ação pela ação. A mediação teórico-conceitual permanece operando em todas as fases de desenvolvimento do projeto.

3. A colocação dos problemas

Na fase inicial de uma pesquisa — seja qual for a sua estratégia ativa ou não —, junto com a definição dos temas e objetivos precisamos dar atenção à colocação dos principais problemas a partir dos quais a investigação será desencadeada. Noutras palavras, trata-se de definir uma problemática na qual o tema escolhido adquira sentido.

Em termos gerais, uma problemática pode ser considerada como a colocação dos problemas que se pretende resolver dentro de um certo campo teórico e prático. Um mesmo tema (ou assunto) pode ser enquadrado em problemáticas diferentes. Por exemplo, problemas de saúde podem ser inseridos numa problemática de medicina ou numa problemática social ou política. A colocação dos problemas é feita em universos diferentes. A problemática é o modo de colocação do problema de acordo com o marco teórico-conceitual adotado.

Na pesquisa científica, o problema ideal pode remeter à constatação de um fato real que não seja adequadamente explicado pelo conhecimento disponível. Um outro tipo de problema remete às ambiguidades internas existentes nas explicações anteriormente produzidas. O porquê dessas situações constitui o problema inicial, isto é, o ponto de partida interrogativo da investigação. Notamos, de passagem, que, na clássica formulação de um problema, são relacionados pelo menos dois elementos. O problema diz respeito à relação entre um elemento real e um elemento explicativo inadequado ou à relação entre dois elementos explicativos concorrentes do mesmo fato. Se houvesse apenas um elemento não seria um problema, mas apenas um tema.

Em pesquisa social aplicada, e em particular no caso da pesquisa-ação, os problemas colocados são inicialmente de ordem prática. Trata-se de procurar soluções para se chegar a alcançar um objetivo ou realizar uma possível transformação dentro da situação observada. Na sua formulação, um problema desta natureza é colocado da seguinte forma:

a) análise e delimitação da situação inicial;
b) delineamento da situação final, em função de critérios de desejabilidade e de factibilidade;
c) identificação de todos os problemas a serem resolvidos para permitir a passagem de (a) a (b);
d) planejamento das ações correspondentes;
e) execução e avaliação das ações.

Este tipo de colocação de problemas práticos em contexto social é também encontrado em contextos técnicos. Certos autores chegam a caracterizá-lo como típico do modo de raciocínio tecnológico. Seja como for, consideramos que a colocação de problemas em termos de passagem de uma situação inicial para uma situação final é diferente da colocação de problemas em metodologia comparativa, na qual se trata de investigar as analogias ou as diferenças entre duas situações reais, diferenciadas apenas no tempo ou no espaço. No caso da passagem de uma situação inicial para uma situação final, trata-se de projetar uma situação desejada de acordo com objetivos definidos e os meios ou soluções que tornam possível a realização desta situação. No caso comparativo, é sobretudo uma questão de observação, constatação, descrição e comparação das analogias, semelhanças ou diferenças existentes entre duas situações reais.

O problema de transformação colocado como passagem de uma situação inicial para uma situação final (ou desejada) é definido em função da estratégia ou dos interesses dos atores. O que exige que as normas ou critérios sejam constantemente evidenciados, tanto na busca de soluções quanto na seleção de soluções a partir das quais serão desencadeadas determinadas ações. Não é a partir de simples levantamentos descritivos que uma ação pode ser encaminhada. Há todo um trabalho sobre a normatividade, muitas vezes negado como tal, que é preciso equacionar no plano metodológico.

De acordo com o anterior, é claro que, para que haja realmente necessidade de uma pesquisa, os problemas colocados não devem ser triviais. Se coletar três ou quatro informações bastasse para resolver um problema do dia a dia ou para tomar uma decisão rotineira na vida de uma associação não precisaríamos desencadear um processo de investigação e ação. Na fase de colocação dos problemas é necessário testar ou discutir a relevância científica e prática do que está sendo pesquisado. Assim, é possível redirecionar a pesquisa ou até tomar a decisão de suspendê-la.

4. O lugar da teoria

Por ter uma vocação de pesquisa prática, a pesquisa-ação é frequentemente vista como uma concepção empirista da pesquisa social na qual não haveria muitas implicações teóricas. Bastaria o "bom senso" dos pesquisadores e a sabedoria popular dos participantes na identificação de problemas concretos e na busca de soluções.

No entanto, como já foi mencionado anteriormente, existem casos nos quais a preocupação teórica ocupa um espaço mais importante entre as diferentes preocupações dos pesquisadores. Isto ocorre em particular quando os problemas tratados não são "evidentes" no início e dão lugar a diversas problemáticas sociológicas ou outras. Assim, por exemplo, não nos parece possível encaminhar uma pesquisa-ação com participação de migrantes sem se ter uma visão clara do quadro de interpretação dos fenômenos migratórios. No contexto organizacional, não é possível desenvolver uma pesquisa independentemente de um quadro teórico de natureza sociológica, tecnológica ou política. No contexto das comunicações, não parece viável uma pesquisa sobre a recepção das mensagens por parte de determinadas categorias de "público" se não houver uma teoria dos meios de comunicação.

De modo geral, podemos considerar que o projeto de pesquisa-ação precisa ser articulado dentro de uma problemática com um quadro de referência teórica adaptado aos diferentes setores: educação, organização, comunicação, saúde, trabalho, moradia, vida política e sindical, lazer etc. O papel da teoria consiste em gerar ideias, hipóteses ou diretrizes para orientar a pesquisa e as interpretações.

No plano da organização prática da pesquisa, os pesquisadores devem ficar atentos para que a discussão teórica não desestimule nem afete os participantes que não dispõem de uma formação teórica. Certos elementos teóricos deverão ser adaptados e "traduzidos" em linguagem comum para permitir um certo nível de compreensão. Além disso, quando a discussão teórica for incompatível com o nível de entendimento dos participantes, pode-se prever a organização de grupos de estudos separados do seminário central, cujas conclusões serão encaminhadas e discutidas em termos mais acessíveis.

A concepção da relação entre pesquisa-ação e teoria sociológica não é de caráter "forçado", o que quer dizer que não se devem construir "grandes" teorias apenas na base das informações alcançadas e coletivamente interpretadas no processo de pesquisa local.

A construção de uma teoria não depende apenas da informação colhida por intermédio de técnicas empíricas. A informação circunstanciada que é trazida ao seminário é interpretada à luz de uma teoria. É claro que, se a informação obtida de modo confiável chegar a pôr em dúvida certos elementos de uma teoria conhecida, o problema deverá ser objeto de estudos aprofundados por parte dos pesquisadores, que procurarão outros tipos de explicação a serem cotejados com as informações obtidas em novas situações empíricas.

5. Hipóteses

Como foi sugerido na discussão acerca das formas de raciocínio e de argumentação no seio da pesquisa social, o uso de um procedimento hipotético não está excluído, só que de maneira suavizada. Apresentaremos aqui alguns aspectos desta concepção ao nível da prática.

Uma hipótese é simplesmente definida como suposição formulada pelo pesquisador a respeito de possíveis soluções a um problema colocado na pesquisa, principalmente ao nível observacional. Também existem hipóteses teóricas, mas aqui abordamos a questão sobretudo em matéria de observação e de ação. A hipótese desempenha um importante papel na organização da pesquisa: a partir da sua formulação, o pesquisador identifica as informações necessárias, evita a dispersão, focaliza determinados segmentos do campo de observação, seleciona os dados etc.

Ao se negar a utilizar hipóteses, inclusive sob a forma de diretrizes sem uma necessária mensuração precisa, um pesquisador social se expõe ao risco de produzir matérias confusas.

A formulação de hipóteses pertinentes depende de uma grande variedade de fatores: a problemática teórica na qual se movem os pesquisadores, o quadro de referência cultural dos participantes, os *insights* imprevisíveis surgidos na prática ou na discussão coletiva, as analogias detectadas entre o problema sob observação e outros problemas anteriormente encontrados etc.

Mesmo quando não se pretende trabalhar com hipóteses relacionando variáveis quantificáveis, é preciso observar muitos cuidados na sua formulação. A hipótese, ou a diretriz, deve ser formulada em termos claros e concisos, sem ambiguidade gramatical e designar os objetos em questão a respeito dos quais seja possível fornecer provas concretas ou argumentos convincentes, favoráveis ou não. Nesse ponto, precisamos evitar a falta de especificidade das definições adotadas no processo investigativo, pois termos demasiadamente gerais permitem "englobar" qualquer observação fatual, como no caso do raciocínio mágico ou dos horóscopos.

No contexto que nos interessa, a formulação da hipótese não é necessariamente de forma causal entre os elementos ou variáveis considerados. Não se trata de querer mostrar que X determina Y. Para fins descritivos, a hipótese qualitativa é utilizada para organizar a pesquisa em torno de possíveis conexões ou implicações não causais, mas suficientemente precisas para se estabelecer que X tem algo a ver com Y na situação considerada.

Além do plano descritivo, a hipótese, sob forma de diretriz, é igualmente utilizada no plano normativo no que toca à orientação da ação, com aspectos estratégicos e táticos. Trata-se de hipóteses sobre o modo de alcançar determinados objetivos, sobre os meios de tornar a ação mais eficiente e sobre a avaliação dos possíveis efeitos, desejados ou não. A formulação deste tipo de hipóteses supõe que critérios (ou normas de decisão, ação e avaliação) estejam claramente definidos e evidenciados entre os pesquisadores e participantes. A verificação de tais hipóteses se dá exclusivamente na prática. A justeza da hipótese acerca de uma norma passa pelo êxito da ação ou por uma constatação dos efeitos diretos ou indiretos dentro da situação em transformação.

Tanto no plano descritivo como no normativo, as hipóteses ou diretrizes são sempre modificáveis ou substituíveis em função das informações coletadas ou dos argumentos discutidos entre pesquisadores e participantes.

Além disso, lembramos que, no planejamento de uma pesquisa, não se encontra apenas uma hipótese e sim uma série de hipóteses articuladas em rede na qual diversas sub-hipóteses contribuem para sustentar uma hipótese principal. Em outros casos se encontra uma polarização de duas hipóteses excludentes.

Em função das hipóteses ou diretrizes escolhidas, os pesquisadores e participantes sabem quais são as informações que são necessárias e as técnicas de coleta a serem utilizadas. Na pesquisa-ação, recorre-se a técnicas de coleta de grupo e aos mais diversos procedimentos, inclusive questionários e entrevistas, que frequentemente são vistos com alguma suspeita por serem os instrumentos prediletos da pesquisa convencional. Mediante um controle metodológico adequado, essas técnicas são, no entanto, utilizadas como instrumentos de captação auxiliar.

Na sua concepção do chamado "inquérito conscientizante", C. Humbert e J. Merlo utilizam explicitamente o esquema de formulação de hipóteses e de comprovação por meio de indicadores e de respostas a questionários (Humbert, 1978; Merlo, 1982). Este esquema consiste na definição de um tema para cada um dos grupos de pesquisa. O tema remete a um "objeto-problema" específico a ser pesquisado. Por exemplo, o tema da não rentabilidade das pequenas propriedades rurais, considerado pelos autores na França, pode ser estudado em função do "objeto-problema" constituído pelo sistema de crédito rural. O objeto é analisado a partir de uma seleção de hipóteses. Uma hipótese é definida como "tentativa de resposta operativa à questão contida no objeto". As hipóteses são selecionadas em função da possibilidade de comprovação e de sua pertinência com relação à ação. Cada hipótese é verificada a partir de indicadores definidos como "elementos observáveis e mensuráveis escolhidos em função de sua capacidade de verificação da hipótese". No exemplo considerado, os indicadores são os critérios de atribuição de crédito aos pequenos produtores. A informação necessária para cada indicador é levantada por meio de diferentes instrumentos de pesquisa, entre os quais as técnicas de questionário e de entrevistas são as mais conhecidas.

Os dados levantados são computados de modo a mostrar a hipótese que tem maior sustentação empírica. Os resultados da pesquisa são, em seguida, amplamente divulgados no seio da população.

6. Seminário

A partir do momento em que os pesquisadores e os interessados na pesquisa estão de acordo sobre os objetivos e os problemas a serem examinados, começa a constituição dos grupos que irão conduzir a investigação e o conjunto do processo. A técnica principal, ao redor da qual as outras gravitam, é a do "seminário".

O seminário central reúne os principais membros da equipe de pesquisadores e membros significativos dos grupos implicados no problema sob observação. O papel do seminário consiste em examinar, discutir e tomar decisões acerca do processo de investigação. O seminário desempenha também a função de coordenar as atividades dos grupos "satélites" (grupos de estudos especializados, grupos de observação, informantes, consultores etc.). Os grupos de observação são constituídos por pesquisadores e por participantes comuns que podem chegar a desempenhar a função de pesquisador. Os grupos de observação podem recorrer a diversas técnicas de pesquisa individual ou coletiva. O seminário centraliza todas as informações coletadas e discute as interpretações. Suas reuniões dão lugar a "atas" com as informações reunidas, e dentro da perspectiva teórica adotada, o seminário elabora diretrizes de pesquisa (hipóteses) e diretrizes de ação submetidas à aprovação dos interessados, que serão testadas na prática dos atores considerados. As ações realmente desencadeadas são objeto de permanente acompanhamento e de avaliações periódicas. A partir do conjunto de informação processada, o seminário produz material. Parte deste material é de natureza "teórica" (análise conceitual etc.), outra parte é de natureza empírica (levantamentos, análise da situação etc.). Outra parte ainda, às vezes elaborada com colaboradores externos, é o material de divulgação, de natureza didática ou informativa, destinado ao conjunto da população implicada nos problemas abordados.

Resumindo algumas das principais tarefas do seminário, indicamos:

1. Definir o tema e equacionar os problemas para os quais a pesquisa foi solicitada.
2. Elaborar a problemática na qual serão tratados os problemas e as correspondentes hipóteses de pesquisa.
3. Constituir os grupos de estudos e equipes de pesquisa. Coordenar suas atividades.
4. Centralizar as informações provenientes das diversas fontes e grupos.
5. Elaborar as interpretações.
6. Buscar soluções e definir diretrizes de ação.
7. Acompanhar e avaliar as ações.
8. Divulgar os resultados pelos canais apropriados.

Dentro do funcionamento normal do seminário, o papel dos pesquisadores (Ortsman, 1978, p. 230) consiste em:

1. Colocar à disposição dos participantes os conhecimentos de ordem teórica ou prática para facilitar a discussão dos problemas.
2. Elaborar as atas das reuniões, elaborar os registros de informação coletada e os relatórios de síntese.
3. Em estreita colaboração com os demais participantes, conceber e aplicar, no desenvolvimento do projeto, modalidades de ação.
4. Participar duma reflexão global para eventuais generalizações e discussão dos resultados no quadro mais abrangente das ciências sociais ou de outras disciplinas implicadas no problema.

O trabalho em seminário exige alguns esclarecimentos complementares. Quanto à constituição do seminário, é preciso tomar muito cuidado na designação dos membros e de suas atribuições. Quando a pesquisa é financiada por uma coletividade homogênea, não há muitos problemas: o seminário conterá os principais pesquisadores e os membros da coletividade que forem julgados mais aptos para tratar os problemas considerados. Em geral são líderes informais. Quando o seminário é organizado em meio heterogêneo, as questões da representação das diversas partes podem se tornar delicadas. Em geral, são resolvidas por meio de negociações. No contexto militante, a seleção dos membros é principalmente de ordem política. Em todos os casos, os pesquisadores devem promover a maior "transparência" como condição da continuidade da pesquisa.

Outra precaução diz respeito ao acesso à informação. Os principais assuntos debatidos em cada sessão são descritos sob forma de atas e analisados em seguida. As atas e relatórios são concebidos e arquivados de modo adequado a uma fácil consulta por parte de qualquer participante. Em certas situações conflitivas, para evitar possíveis manipulações, certas informações devem ser retidas pelos organizadores da pesquisa. A difusão de informação é objeto de um acordo entre diversas partes implicadas na pesquisa.

Uma última exigência está relacionada com o preparo dos pesquisadores e dos participantes. O que parece muito simples, mas na prática não o é. Para aplicarem técnicas de pesquisa e de trabalho em grupos, dentro da proposta de pesquisa-ação, é necessário um certo preparo didático. Organizar um seminário de pesquisa não consiste apenas em reunir algumas pessoas ao redor de uma mesa. O trabalho deve ser metodicamente organizado, sob pena de não funcionar. Não basta deixar falar aquelas que falam muito. É preciso, em cada instante, procurar informações pertinentes relacionadas com o assunto focalizado. Há espaço para toda uma aprendizagem de estudo coletiva a ser desenvolvida nas situações de pesquisa. A real aprendizagem das técnicas do trabalho de pesquisa é muito importante. Sem ela, os belos discursos sobre teoria e prática permanecem inoperantes.

Devido ao uso de procedimentos argumentativos nas sessões do seminário, vale a pena acrescentarmos uma observação sobre a participação efetiva dos diversos tipos de interlocutores. De acordo com a teoria geral da argumentação, a *presença física* dos participantes, deliberantes ou não, exerce um efeito argumentativo sobre o que está sendo discutido e sobre as eventuais conclusões (Perelman, 1976, p. 154 ss.). Dando um exemplo, podemos imaginar que dentro de uma sessão de estudo sobre a fome os argumentos apresentados por famintos de verdade exerceriam um efeito seletivo muito mais convincente do que qualquer leitura de dados numéricos dos anuários estatísticos oficiais. O efeito argumentativo ligado à presença física dos interlocutores ou testemunhas é bem conhecido dos juízes e advogados nos tribunais. Nas sessões do seminário de pesquisa-ação esses efeitos também existem. No entanto, os pesquisadores devem ficar atentos a possíveis envolvimentos emocionais de alguns dos participantes, suscetíveis de fazer perder aos demais o sentido da objetividade.

7. Campo de observação, amostragem e representatividade qualitativa

A delimitação do campo de observação empírica, no qual se aplica o tema da pesquisa, é objeto de discussão entre os interessados e os pesquisadores. Uma pesquisa-ação pode abranger uma comunidade geograficamente concentrada (favela) ou espalhada (camponeses). Em alguns casos, a delimitação empírica é relacionada com um quadro de atuação, como no caso de uma instituição, universidade etc.

Quando o tamanho do campo delimitado é muito grande, coloca-se a questão da amostragem e da representatividade.

A necessidade de construir amostras para a observação de uma parte representativa do conjunto da população considerada na pesquisa-ação é assunto controvertido. Existem várias posições:

a) A primeira exclui a pesquisa por amostra. Seus partidários consideram que, para exercer um efeito conscientizador e de mobilização em torno de uma ação coletiva, a pesquisa deve abranger o conjunto da população que será consultada sob forma de questionários ou de discussões em grupos. Tal postura é viável quando a população é de tamanho limitado. Quando se trata de milhares de pessoas, seria preciso prever um esquema organizativo dotado de muitos pesquisadores e os problemas de controle da execução da pesquisa se tornariam rapidamente complicados. Numa pesquisa interna sobre os problemas universitários, que foi organizada na PUC de Campinas, os organizadores conseguiram desenvolver uma pesquisa-ação, sem amostra, abrangendo quase a totalidade dos 18 mil alunos em 1982. No caso particular de uma universidade, é factível controlar a coleta de dados a partir das divisões já existentes: faculdades, departamentos, turmas etc., recorrendo a representantes de cada unidade. Numa população mais difusa, não compartimentada, a coleta seria muito mais complicada do que no contexto universitário.

Acreditamos que a posição de exaustividade é válida no caso de uma população de dimensão compatível com a carga de trabalho dos pesquisadores. A solução do problema deve levar também em consideração a facilidade de acesso às pessoas da população e suas condições de participação. Por exemplo, é mais fácil estabelecer contatos de pesquisa com 10 mil alunos de uma universidade do que com 10 mil trabalhadores de uma região suburbana.

b) Uma segunda posição consiste em recomendar o uso da amostragem. De acordo com a concepção da sondagem, a pesquisa é efetuada dentro de um pequeno número de unidades (pessoas ou outras) que é estatisticamente representativo do conjunto da população. A determinação do tamanho da amostra, o controle de sua representatividade e o cálculo da confiabilidade são realizados a partir de regras estatísticas. Na concepção da pesquisa-ação, este procedimento apresenta o inconveniente de não permitir efeitos de conscientização. As unidades são escolhidas aleatoriamente e são mantidas em isolamento. De fato, se acontecer alguma forma de conscientização entre os indivíduos de uma amostra, isto normalmente não incide sobre a população global. Os partidários da pesquisa-ação resolvem este problema por meio da difusão de informações: a grande maioria da população sabe que uma pesquisa é realizada por meio de informações em diversos canais de comunicação formais ou informais. As ações são também divulgadas e dão lugar a operações de popularização.

c) Uma terceira posição consiste na valorização de critérios de representatividade qualitativa. Na prática da pesquisa social, a representatividade dos grupos investigados se dá por critérios quantitativos (amostragem estaticamente controlada) e por critérios qualitativos (interpretativa ou argumentativamente controlados). Mesmo em pesquisa convencional, ao planejarem amostras de pessoas a serem entrevistadas com alguma profundidade, os pesquisadores costumam recorrer às chamadas "amostras intencionais". Trata-se de um pequeno número de pessoas que são escolhidas intencionalmente em função da relevância que elas apresentam em relação a um determinado assunto. Este princípio é sistematicamente aplicado no caso da pesquisa-ação. Pessoas ou grupos são escolhidos em função de sua representatividade social dentro da situação considerada.

É claro que isto infringe o princípio da aleatoriedade que, em geral, é considerado como condição da objetividade. De acordo com este princípio, todas as unidades da população têm a mesma probabilidade de ser escolhidas. *A priori*, a informação gerada por cada unidade investigada possui a mesma relevância. No caso diferente, o princípio de intencionalidade é adequado no contexto da pesquisa social com ênfase nos aspectos qualitativos, onde todas as unidades não são consideradas como equivalentes, ou de relevância igual. Existe, neste caso, um tratamento qualitativo da interpretação do material captado em unidades qualitativamente representativas do conjunto do universo e de modo diferenciado em função das características do problema investigado. Na pesquisa-ação, a representatividade das pessoas e dos grupos significativos é julgada e a escolha é decidida ao nível do seminário central, a partir do consenso dos pesquisadores e participantes.

Na aplicação do princípio de intencionalidade, podem ocorrer distorções relacionadas com as preferências individuais, mas estas são controladas e "corrigidas" por meio da discussão e a partir de comparações entre as observações obtidas em unidades significativamente diferentes.

A questão da representatividade qualitativa pode ser exemplificada no contexto sociopolítico da ação operária. A pesquisa tradicional por sondagem levaria em conta uma amostra de trabalhadores escolhidos aleatoriamente em fichários de empregos ou a partir de uma seleção de locais de moradia. Qualquer trabalhador teria mais ou menos a mesma probabilidade de ser entrevistado. Por sua vez, numa pesquisa com amostra intencional, seriam selecionados trabalhadores ou grupos de trabalhadores que são conhecidos como elementos ativos do movimento sindical ou político. A sua representatividade seria significativa das tendências favoráveis ou contrárias a determinados objetivos em discussão.

A informação que esses trabalhadores são capazes de transmitir é muito mais rica que a que se pode alcançar por meio de questionários comuns. É claro que a informação obtida não é generalizável ao nível do conjunto da população, mas há substância necessária à percepção da dinâmica do movimento. Além disso, para se ter uma visão mais completa, pode-se contrabalançar a representação dos elementos mais "avançados" por um estudo particular sobre os elementos tidos como "atrasados" na dinâmica do fenômeno estudado. Tais elementos são igualmente selecionados por meio de amostra intencional.

Como já notamos em outra oportunidade (Thiollent, 1980b, p. 63-79), o critério de representatividade dos grupos investigados não é necessariamente quantitativo. É importante, dentro de certos "parâmetros" quantitativos, levar em conta a representatividade sociopolítica de grupos ou de opiniões que são minoritários em termos numéricos, mas expressivos de uma situação em termos ideológicos e políticos. A representatividade expressiva pressupõe critérios de avaliação política no seio da conjuntura. A importância social dos grupos "mais avançados" é maior do que seu peso numérico no conjunto da população. As ideias de uma minoria podem se tornar expressivamente mais relevantes do que a aparente "ausência" de ideias, ou opiniões, da maioria. Seu peso significativo não se limita a uma questão de frequência observacional. Por isso, as pesquisas baseadas em amostras estatisticamente representativas têm tendência a dar uma visão bastante "conformista" da realidade, seus critérios são falsamente igualitários quando postulam que cada indivíduo vale por um e que cada opinião é equivalente a qualquer outra. Os critérios numéricos podem chegar a fazer desaparecer as minorias. A nosso ver, a representatividade expressiva (ou qualitativa) é dada por uma avaliação da relevância política dos grupos e das ideias que veiculam dentro de uma certa conjuntura ou movimento. Trata-se de chegar a uma representação de ordem cognitiva, sociológica e politicamente fundamentada, com possível controle ou retificação de suas distorções no decorrer da investigação.

8. Coleta de dados

A coleta de dados é efetuada por grupos de observação e pesquisadores sob controle do seminário central. As principais técnicas utilizadas são a entrevista coletiva nos locais de moradia ou de trabalho e a entrevista individual aplicada de modo aprofundado. Os locais de investigação e os indivíduos ou grupos são escolhidos em função do plano de amostragem com controle estatístico ou com critérios intencionais (veja item anterior). Ao lado dessas técnicas, também são utilizáveis questionários convencionais que são aplicáveis em maior escala. No que diz respeito à informação já existente, diversas técnicas documentais permitem resgatar e analisar o conteúdo de arquivos ou de jornais. Alguns pesquisadores recorrem também a técnicas antropológicas: observação participante, diários de campo, histórias de vida etc. Alguns autores recomendam técnicas de grupo, tais como o sociodrama, com o qual é possível reproduzir certas situações sociais que vivem os participantes. Por exemplo, as situações marcadas pelas relações de desigualdade: empregado/patrão, mulher/marido etc. Nessa reprodução simbólica são incorporadas formas de expressão cultural próprias aos grupos considerados.

Sejam quais forem as técnicas utilizadas, os grupos de observação compostos de pesquisadores e de participantes comuns procuram a informação que é julgada necessária para o andamento da pesquisa, respondendo a solicitações do seminário central. É claro que os grupos podem fornecer outras informações que não estavam previstas, o que permite aumentar a riqueza das descrições.

Quando é necessária, existe uma divisão do trabalho entre os diversos grupos de observação. Assim, dentro de uma população dada, um grupo pode observar assuntos relacionados com a saúde, outro com a habitação etc. Em cada grupo de observação, há membros da coletividade e pesquisadores profissionais. Os membros da coletividade, ou pelo menos alguns deles, chegam a exercer funções de pesquisador. Para isso, é organizado um treinamento específico e adaptado ao contexto cultural considerado.

Todas as informações coletadas pelos diversos grupos de observação e pesquisadores de campo são transferidas ao seminário central, onde são discutidas, analisadas, interpretadas etc.

Na concepção de roteiros de entrevistas, questionários ou de outros instrumentos de coleta de dados, em pesquisa alternativa, sempre se coloca a questão do papel atribuído aos elementos explicativos associados à obtenção de informação esclarecida por parte dos respondentes. Consideramos que tais elementos não visam orientar as respostas em função das expectativas dos pesquisadores e sim descondicionar as pessoas para que não respondam apenas com "facilidade", isto é, como se a sua resposta fosse um simples reflexo de senso comum ou dos efeitos do condicionamento pelos meios de comunicação de massa. As "explicações" são sugeridas aos respondentes para que tenham um papel ativo na investigação. As "explicações" consistem em sugerir comparações ou outros tipos de raciocínios não conclusivos que permitam aos respondentes uma reflexão individual ou coletiva a respeito dos fatos observados e cuja interpretação é objeto de questionamento. Esses aspectos explicativos podem estar relacionados com o objetivo de conscientização e serem ampliados numa fase posterior, pela divulgação dos resultados. Consideramos que o efeito de "explicação" contido na fase propriamente investigatória constitui uma importante característica metodológica nos dispositivos de observação-questionamento.

Um outro problema frequentemente discutido diz respeito ao uso de questionários ou formulários. Como se sabe, na pesquisa convencional tais instrumentos desempenham um importante papel na obtenção de informação sobre as características socioeconômicas e opinativas da população. Na pesquisa-ação nem sempre são aplicados questionários codificados, pois, quando a população é de pequena dimensão e sua estruturação em grupos permite a fácil realização de discussões, é possível obter informações principalmente de modo coletivo, sem administração de questionários individuais. No entanto, quando a população é ampla e o objetivo da descrição e da análise da informação é bem definido e detalhado, o questionário geralmente é indispensável.

Os princípios gerais da elaboração de questionários e formulários convencionais são úteis para que os pesquisadores possam dominar os aspectos técnicos da concepção, da formulação e da codificação. No contexto particular da pesquisa-ação, os questionários obedecem a algumas das regras dos questionários comuns (clareza das perguntas, perguntas fechadas, escolha múltipla, perguntas abertas etc.). Todavia, há algumas diferenças. Na pesquisa-ação, o questionário não é suficiente em si mesmo. Ele traz informações sobre o universo considerado que serão analisadas e discutidas em reuniões e seminários com a participação de pessoas representativas. O processamento estatístico das respostas, com computadores ou não, nunca é suficiente. O processamento adequado sempre requer uma função argumentativa dando relevo e conteúdo social às interpretações.

Internamente, a concepção do questionário é intimamente relacionada com o tema e os problemas que forem levantados nas discussões iniciais e com as hipóteses ou diretrizes correspondentes. A formulação do questionário dá lugar a discussões com diversos tipos de participantes, com os entrevistadores e os pesquisadores extraídos do meio social investigado. Antes de ser aplicado em grande escala, às pessoas selecionadas na amostra ou intencionalmente, o questionário é testado ao nível de um pequeno número de pessoas representativas, o que permite melhorar a formulação e tirar algumas ambiguidades de linguagem.

9. Aprendizagem

Na pesquisa-ação, uma capacidade de aprendizagem é associada ao processo de investigação. Isto pode ser pensado no contexto das pesquisas em educação, comunicação, organização ou outras. O fato de associar pesquisa-ação e aprendizagem sem dúvida possui maior relevância na pesquisa educacional, mas é também válido nos outros casos.

As pesquisas em educação, comunicação e organização acompanham as ações de educar, comunicar e organizar. Os "atores" sempre têm de gerar, utilizar informações e também orientar a ação, tomar decisões etc. Isto faz parte tanto da atividade planejada quanto da atividade cotidiana e não pode deixar de ser diretamente observado na pesquisa-ação. As ações investigadas envolvem produção e circulação de informação, elucidação e tomada de decisões, e outros aspectos supondo uma capacidade de aprendizagem dos participantes. Estes já possuem essa capacidade adquirida na atividade normal. Nas condições peculiares da pesquisa-ação, essa capacidade é aproveitada e enriquecida em função das exigências da ação em torno da qual se desenrola a investigação.

Para designar o tipo de colaboração que se estabelece entre pesquisadores e participantes do meio observado, é algumas vezes utilizada a noção de "estrutura de aprendizagem conjunta". No contexto da pesquisa-ação associada a uma forma de consultoria em assuntos técnicos, como no caso da análise de sistemas de informação, a estrutura de aprendizagem conjunta reúne os analistas e os usuários na busca de soluções apropriadas (Jobim Filho, 1979).

De modo geral, as diversas categorias de pesquisadores e participantes aprendem alguma coisa ao investigar e discutir possíveis ações cujos resultados oferecem novos ensinamentos. A aprendizagem dos participantes é facilitada pelas contribuições dos pesquisadores e, eventualmente, pela colaboração temporária de especialistas em assuntos técnicos cujo conhecimento for útil ao grupo. Em alguns casos, a aprendizagem é sistematicamente organizada por meio de seminários ou de grupo de estudos complementares e também pela divulgação de material didático.

Segundo O. Ortsman (1978, p. 233), o papel dos especialistas que intervêm consiste em facilitar a aprendizagem dos participantes de diferentes maneiras: pela restituição de informação, pelos modos de discussão que conseguem promover, pelas modalidades de formação propostas e pelas negociações que estabelecem para evitar que certas partes implicadas na situação não sejam eliminadas da discussão.

10. Saber formal/saber informal

Dentro da concepção da pesquisa-ação, o estudo da relação entre saber formal e saber informal visa estabelecer (ou melhorar) a estrutura de comunicação entre os dois universos culturais: o dos especialistas e o dos interessados. Para simplificar, incluímos entre os especialistas os técnicos e os pesquisadores. Em certos casos, quando é grande a distância entre técnicos e pesquisadores, o problema abrange o relacionamento de três universos. Eventualmente, o problema é mais complicado quando existem diversas categorias de população, diversas categorias de pesquisadores e de outros especialistas envolvidos no assunto.

Para fins de exposição didática, vamos reduzir o problema a uma relação entre saber formal dos especialistas (dotado de certa capacidade de abstraçao) e saber informal, baseado na experiência concreta dos participantes comuns. Deixamos de lado o fato de que os especialistas também possuem saber informal e de que os participantes "leigos" têm, frequentemente, alguma faculdade de emitir hipóteses ou de generalizar. Todavia, o fato é que existe o problema da diferença dos dois universos, que se manifesta em dificuldades de compreensão mútua.

De acordo com a postura tradicional, muitos pesquisadores consideram que, de um lado, os membros das classes populares não sabem nada, não têm cultura, não têm educação, não dominam raciocínios abstratos, só podem dar opiniões e, por outro lado, os especialistas sabem tudo e nunca erram. Este tipo de postura unilateral é incompatível com a orientação "alternativa" que se encontra na pesquisa-ação (e pesquisa participante).

O participante comum conhece os problemas e as situações nas quais está vivendo. Por exemplo, o pequeno produtor rural conhece várias exigências naturais e econômicas às quais ele costuma se submeter por experiência. De modo geral, quando existem condições para sua expressão, o saber popular é rico, espontâneo, muito apropriado à situação local. Porém, sendo marcado por crenças e tradições, é insuficiente para que as pessoas encarem rápidas transformações.

Por sua vez, o saber do especialista é sempre incompleto, não se aplica satisfatoriamente a todas as situações. Para que isto aconteça, o especialista precisa estabelecer alguma forma de comunicação e de intercompreensão com os agentes do saber popular.

Na busca de soluções aos problemas colocados, os pesquisadores, especialistas e participantes devem chegar a um relacionamento adequado entre saber formal e saber informal. Tal relacionamento pode ser estudado, a nível sofisticado, a partir de considerações de psicologia da cognição, psicologia social, sociolinguística etc. Como a nossa preocupação é, aqui, de ordem mais prática, vamos sugerir uma técnica bastante rudimentar que consiste em comparar a temática do especialista e a do participante comum.

Num primeiro momento, os participantes são levados a descrever a situação ou o problema que estão focalizando, com aspectos de conhecimento (busca de explicações) e de ação (busca de soluções). A descrição dá lugar a uma lista de temas que são ponderados em função da relevância que lhes é atribuída pelos participantes. Por sua vez, os especialistas estabelecem a sua própria temática relativa ao mesmo problema ou assunto, com indicação de sua ponderação.

Em seguida, as duas temáticas são comparadas, procurando-se mostrar zonas de compatibilidade e de incompatibilidade, tanto no nível da listagem como no da ponderação (ordem de prioridade). Na listagem, observa-se que existem diferenças linguísticas. É necessário estabelecer correspondências "perfeitas" ou "imperfeitas" entre a terminologia popular e a terminologia erudita.

Para compreender as diferenças, é preciso esclarecer os pressupostos de cada tema. Daremos um exemplo (retirado de um depoimento oral de um técnico da Pesagro, Campos, RJ) sumário relativo à comparação das representações técnicas de pequenos produtores de arroz do norte fluminense com as representações dos técnicos (agrônomos). Entre os diferentes temas associados ao cultivo do arroz, aparece o da palha e de sua utilização, uma vez colhido o arroz. Na representação do pequeno produtor, a melhor solução consiste em queimar a palha antes de trabalhar a terra. Na representação dos técnicos, a melhor solução seria incorporar a palha ao solo. Procurando estabelecer os pressupostos desta divergência, estabelece-se que, na representação do produtor, a questão é essencialmente mecânica, pois a palha dificulta a técnica de aração com tração animal que ele utiliza. O esforço precisaria ser bem superior à força do animal. Enquanto na representação do técnico o pressuposto é de natureza bioquímica, pois a decomposição da palha no solo cria matéria orgânica fertilizante. Este exemplo só mostra uma divergência acerca de um assunto técnico.

A partir da comparação das temáticas, é possível constatar as divergências, como também as convergências, as diferenças de ponderação relacionadas com quaisquer aspectos da vida social, econômica ou política. É de grande interesse igualmente estudar as diferenças de linguagem, destacando aquelas que são obstáculos à intercompreensão. Não se trata apenas de fazer com que os participantes aceitem pontos de vista ou noções que não pertenciam ao seu universo de representações. Do contato com este último, os especialistas podem alterar a sua própria representação no sentido de enriquecer, completar ou concretizar o conteúdo do que eles conheciam somente em termos gerais.

A técnica da comparação das temáticas pode ser aplicada ao nível de pequenos grupos de estudos com participação de pesquisadores e membros da população considerada. Também é possível recorrer a questionários a serem aplicados a um maior número de pessoas, ou a uma amostra representativa.

O uso da técnica de comparação não resolve todos os problemas da relação entre saber formal e saber informal. É apenas um ponto de partida que consiste em "mapear" os dois universos de representação e em buscar meios de intercompreensão.

11. Plano de ação

Para corresponder ao conjunto dos seus objetivos, a pesquisa-ação deve se concretizar em alguma forma de ação planejada, objeto de análise, deliberação e avaliação. Contrariamente à opinião de alguns pesquisadores, que utilizam a denominação "pesquisa-ação" para designar qualquer tipo de "conversa" informal ou "bate-papo" com pequenos grupos de trabalhadores ou moradores de um local, consideramos que a formulação de um plano de ação constitui uma exigência fundamental. Em geral, trata-se de uma ação na qual os principais participantes são os membros da situação ou da organização sob observação. A discussão informal com pequenos grupos é sempre um passo necessário, principalmente na fase exploratória da pesquisa, mas não chega a caracterizar o conteúdo da proposta metodológica no seu conjunto.

A elaboração do plano de ação consiste em definir com precisão:

a) Quem são os atores ou as unidades de intervenção?
b) Como se relacionam os atores e as instituições: convergência, atritos, conflito aberto?
c) Quem toma as decisões?
d) Quais são os objetivos (ou metas) tangíveis da ação e os critérios de sua avaliação?
e) Como dar continuidade à ação, apesar das dificuldades?
f) Como assegurar a participação da população e incorporar suas sugestões?
g) Como controlar o conjunto do processo e avaliar os resultados?

Alguns autores têm mantido uma relativa confusão acerca do papel dos participantes ao darem a impressão de que o principal ator seria o próprio pesquisador. De acordo com a nossa compreensão do assunto, o principal ator é quem faz ou quem está efetivamente interessado na ação. O pesquisador desempenha um papel auxiliar, ou de tipo "assessoramento", embora haja situações nas quais os pesquisadores precisam assumir maior envolvimento e responsabilidade, em particular nas situações cercadas de obstáculos políticos ou outros.

A definição da ação e a avaliação das suas consequências dão lugar a um tipo de discussão que chamamos "deliberação". Como foi visto no Capítulo I, a estrutura de raciocínio da pesquisa-ação apresenta aspectos argumentativos ou deliberativos. Tais aspectos existem na colocação dos problemas, na interpretação dos dados para fins comprobatórios e na definição das diretrizes de ação. No que toca a este último ponto, contrariamente à visão tradicional, as propostas de ação ou as decisões a serem tomadas dentro de uma ação preexistente não são obtidas a partir de uma simples "leitura" de dados. Não há neutralidade por parte dos pesquisadores e dos atores da situação. A convicção a que podem chegar acerca da necessidade ou da justeza de uma ação amadurece durante a deliberação no seio do seminário e dos outros grupos participantes da pesquisa. Na medida do possível, os resultados das deliberações são obtidos por consenso. Quando os pontos de vista são inconciliáveis, as diversas alternativas são respeitadas e registradas para futura continuação da discussão e, eventualmente, será organizada uma implementação comparativa.

A ação corresponde ao que precisa ser feito (ou transformado) para realizar a solução de um determinado problema. Dependendo do campo de atuação e da problemática adotada, existem vários tipos de ação, cuja tônica pode ser educativa, comunicativa, técnica, política, cultural etc. No caso particular da ação técnica — como no da introdução de uma nova técnica no campo ou do resgate de uma antiga técnica —, é necessário levar em conta o aspecto sociocultural do seu contexto de uso.

As implicações da ação aos níveis individuais e coletivos devem ser explicitadas e avaliadas em termos realistas, evitando criar falsas expectativas entre os participantes no que diz respeito aos problemas da sociedade global.

12. Divulgação externa

Além do retorno da informação aos grupos implicados, também é possível, mediante acordo prévio dos participantes, divulgar a informação externamente em diferentes setores interessados. A parte mais inovadora pode ser inserida na discussão de trabalhos em ciências sociais e divulgada nos canais apropriados: conferências, congressos etc.

Para satisfazer as exigências de divulgação ao nível dos meios populares, o treinamento dos pesquisadores inclui técnicas de apresentação de resultados, técnicas de comunicação por canais formais e informais, técnicas de organização de debates públicos, suportes audiovisuais etc.

A ideia de retorno da informação sobre os resultados aos membros da população não é objeto de consenso entre diversos partidários da pesquisa-ação. Alguns acham que a pesquisa-ação (eventualmente, pesquisa participante), por ter exigido uma forte participação da população nos seus mecanismos, não precisa restituir a informação. Esta já estaria conhecida na hora da investigação propriamente dita. Para outros partidários desta orientação de pesquisa, a restituição da informação é necessária justamente para permitir um efeito de "visão de conjunto" ou de "generalização" que não seria possível ao nível da simples captação de informação.

A nosso ver, antes do retorno há todo um trabalho de investigação e de interpretação dentro da problemática adotada e levando em conta a pesquisa com elementos "explicativos" e a discussão em grupos e no seminário central. Esse trabalho exerce um efeito de síntese de todas as informações parciais coletadas e um efeito de convicção entre os participantes. O retorno é importante para estender o conhecimento e fortalecer a convicção e não deve ser visto como simples efeito de "propaganda". Trata-se de fazer conhecer os resultados de uma pesquisa que, por sua vez, poderá gerar reações e contribuir para a dinâmica da tomada de consciência e, eventualmente, sugerir o início de mais um ciclo de ação e de investigação. Os canais de difusão correspondentes ao retorno da informação são variáveis em função das características de cada situação. É possível utilizar os canais criados na ocasião da pesquisa: grupos de observação, informantes etc. A divulgação dos resultados deve ser feita de modo compatível com o nível de compreensão dos destinatários. Deve-se também prever meios e canais que permitam que a população manifeste suas reações e eventuais sugestões. No contexto particular da pesquisa-ação em comunicação, quando se trata de pesquisa relacionada com a criação ou o funcionamento de um meio de comunicação (jornal, rádio etc.), é possível aproveitar o próprio meio como instrumento de retorno da pesquisa.

Em conclusão, parece-nos desejável haver um retorno da informação entre os participantes que conversaram, participaram, investigaram, agiram etc. Este retorno visa promover uma visão de conjunto. É difícil imaginar que um indivíduo que esteja participando do processo tenha espontaneamente acesso ao conjunto. Os canais de divulgação, sobretudo os informais, são aproveitados para fortalecer a tomada de consciência do conjunto da população interessada (não limitada aos participantes efetivos). A tomada de consciência se desenvolve quando as pessoas descobrem que outras pessoas ou outros grupos vivem mais ou menos a mesma situação.

Capítulo III

ÁREAS DE APLICAÇÃO

Em função de sua orientação prática, a pesquisa-ação é voltada para diversificadas aplicações em diferentes áreas de atuação. Sem reduzirmos a necessidade de uma constante reflexão teórica, podemos considerar que a pesquisa-ação opera principalmente como pesquisa aplicada em suas áreas prediletas que são educação, comunicação social, serviço social, organização, tecnologia (em particular no meio rural) e práticas políticas e sindicais. Por enquanto, apresentaremos algumas indicações relacionadas com essas áreas empiricamente constituídas. Outras áreas poderiam eventualmente estar incluídas, tais como urbanismo e saúde, mas ainda faltam informações sobre experiências ou tendências.

No nosso levantamento das áreas de aplicação não pretendemos mostrar exemplos de "boa" ou de "má" pesquisa-ação. Queremos evitar dar "lições" aos especialistas de cada área, que, por definição, são os mais qualificados para discutir e resolver os problemas metodológicos de suas atividades específicas. Só queremos sugerir para a discussão, numa rápida "pincelada", algumas informações e ideias sintéticas que estão relacionadas com a aplicação da orientação de pesquisa-ação em cada uma das áreas mencionadas.

Além disso, observamos que em geral os pesquisadores das diversas áreas se ignoram e desconhecem a pesquisa-ação fora de sua especialidade. Pesquisadores envolvidos em práticas políticas acham frequentemente estranho o fato de que a pesquisa-ação seja também uma proposta metodológica para as áreas organizacionais e tecnológicas. A nosso ver, um certo "recuo" é necessário e um sobrevoo nas diversas áreas nos permite apontar a diversidade, as divergências e as convergências que animam as propostas de pesquisa-ação.

1. Educação

Na área educacional, em diversos países, existe uma tradição de pesquisa participativa e de pesquisa-ação em matéria de formação de adultos, educação popular, formação sindical etc. No setor convencional da educação (1° e 2° graus), a aplicação dessas orientações é mais rara e difícil, talvez por causa de resistências institucionais e de hábitos professorais. No entanto, nos últimos tempos, nota-se uma maior disponibilidade que se relaciona, talvez, com a desilusão de muitos profissionais para com as pesquisas convencionais.

No estudo da metodologia da pesquisa educacional existe um amplo debate a respeito da dita oposição entre a tendência quantitativa, baseada na estatística, e as tendências qualitativas baseadas em diversas filosofias. Temos indicado que a oposição entre "quantitativismo" e "qualitativismo" é frequentemente um falso debate. Quando seus excessos forem adequadamente criticados nos será possível articular os aspectos qualitativos e quantitativos do conhecimento dando conta do real (Thiollent, 1984c, p. 45-50).

Um outro tema amplamente debatido diz respeito ao uso de métodos participativos e ao uso da pesquisa-ação em contexto educacional. Uma das mais difundidas justificativas consiste na constatação de uma desilusão para com a metodologia convencional, cujos resultados, apesar de sua aparente precisão, estão muito afastados dos problemas urgentes da situação atual da educação. Por necessárias que sejam, revelam-se insuficientes muitas das pesquisas que se limitam a uma simples descrição da situação ou a uma avaliação de rendimentos escolares.

No Brasil, a pesquisa participante ocupa um espaço crescente na área de pesquisa educacional, inclusive com apoio institucional. Ela é principalmente concebida como metodologia derivada da observação antropológica e como forma de comprometimento dos pesquisadores com causas populares relevantes. Por sua vez, a pesquisa-ação é algumas vezes distinguida da pesquisa participante pelo fato de focalizar ações ou transformações específicas que exigem um direcionamento bastante explicitado.

Como elemento de discussão, retomaremos aqui algumas considerações relacionadas com um possível papel da pesquisa-ação no contexto da reconstrução do sistema escolar (Thiollent, 1984c, p. 45-50).

Dentro de uma concepção do conhecimento que seja também ação, podemos conceber e planejar pesquisas cujos objetivos não se limitem à descrição ou à avaliação. No contexto da construção ou da reconstrução do sistema de ensino, não basta descrever e avaliar. Precisamos produzir ideias que antecipem o real ou que delineiem um ideal.

Nesse sentido, os pesquisadores precisam definir novos tipos de exigências e de utilização do conhecimento para contribuírem para a transformação da situação. Isto exige que as funções sociais do conhecimento sejam adequadamente controladas para favorecer as condições do seu uso efetivo. Dentro de um equacionamento realista dos problemas educacionais, tal controle visa minimizar os usos meramente burocráticos ou simbólicos e maximizar os usos realmente transformadores.

Com a orientação metodológica da pesquisa-ação, os pesquisadores em educação estariam em condição de produzir informações e conhecimentos de uso mais efetivo, inclusive ao nível pedagógico. Tal orientação contribuiria para o esclarecimento das microssituações escolares e para a definição de objetivos de ação pedagógica e de transformações mais abrangentes.

A pesquisa-ação promove a participação dos usuários do sistema escolar na busca de soluções aos seus problemas. Este processo supõe que os pesquisadores adotem uma linguagem apropriada. Os objetivos teóricos da pesquisa são constantemente reafirmados e afinados no contato com as situações abertas ao diálogo com os interessados, na sua linguagem popular.

Na reconstrução, não se trata apenas de observar ou de descrever. O aspecto principal é projetivo e remete à criação ou ao planejamento. O problema consiste em saber como alcançar determinados objetivos, produzir determinados efeitos, conceber objetos, organizações, práticas educacionais e suportes materiais com características e critérios aceitos pelos grupos interessados.

A forma de raciocínio projetivo é diferente das formas de raciocínio explicativo, que são relacionadas com a observação de fatos. No caso da projeção, pressupõe-se que o pesquisador dispõe de um conhecimento prévio a partir do qual serão resolvidos os problemas de concepção do objeto de acordo com regras ou critérios a serem concretizados na discussão com os usuários. Não é um método de obtenção de informação; nesse caso particular, é um método de "injeção" de informação na configuração do projeto.

Numa visão reconstrutiva, a concepção das atividades pedagógicas e educacionais não é vista como transmissão ou aplicação de informação. Tal concepção possui uma dimensão conscientizadora. Na investigação associada ao processo de reconstrução, elementos de tomada de consciência são levados em consideração nas próprias situações investigadas, em particular entre os professores e na relação professores/alunos.

Na fase de investigação, uma reciclagem das ideias acompanha a descrição ou a explicação por meio de divulgação dos primeiros resultados. A tomada de consciência não é somente um processo *ex post*, concebido depois da divulgação dos resultados. Este processo é associado à própria geração de dados, sob forma de questionamento, pelo menos em escala reduzida. No contexto das práticas educacionais, vistas numa perspectiva transformadora e emancipatória, as ideias dão lugar a uma reciclagem que é diferente da formação da opinião pública, pois não se trata de promover reações emocionais e sim disposições a conhecer e agir de modo racional.

Na reconstrução, a pesquisa está inserida num processo de caráter conscientizador e comunicativo, que não deve ser confundido com a simples propaganda. Os pesquisadores estabelecem canais de investigação e de divulgação nos meios estudados, nos quais a interação entre os grupos "mais esclarecidos" e "menos esclarecidos" gera e prepara mudanças coletivas nas representações, comportamentos e formas de ação. Isto corresponde a um tipo de questionamento a partir do qual são levantados e discutidos os vários aspectos da realidade, dos objetivos e dos critérios de transformação.

É necessário que os pesquisadores levem em conta os aspectos comunicativos na espontaneidade e no planejamento consciente de ações transformadoras. Tal comunicação não é concebida como processo unilateral de emissão-transmissão-recepção, e sim como processo multidirecionado e de ampla interação. Este processo é normativamente dirigido no sentido de fortalecer tendências criadoras e construtivas.

A questão normativa, que sempre se manifesta na articulação da pesquisa e da ação, é controlada pelos pesquisadores por meio da deliberação coletiva e submetida à aprovação dos grupos de educadores ou de alunos implicados.

De acordo com a perspectiva esboçada, paralelamente à pesquisa haveria também produção de material didático, gerada pelos participantes e para ser distribuído em escala maior.

2. Comunicação

A pesquisa em comunicação abrange uma multiplicidade de aspectos: meios de comunicação de massa, audiência, grupos de influência, imprensa, jornalismo, efeitos sobre o público, recepção crítica, contexto político, política governamental, opinião pública, cinema, artes, novas tecnologias, práticas religiosas, práticas militantes etc. Os enfoques podem ser os mais diversos: econômico, jurídico, sociológico, psicológico, semiológico, tecnológico, político etc.

A maior parte da pesquisa em comunicação é realizada dentro do padrão da pesquisa empírica convencional. No entanto, a busca de alternativas está em discussão.

Entre os métodos de pesquisa convencional frequentemente utilizados, o pesquisador em comunicação recorre à "pesquisa de opinião" para conhecer o estado de espírito do público por meio de entrevistas e questionários aplicados a uma amostra representativa da população. Também são bastante utilizadas as técnicas de "análise de conteúdo" para qualificar e interpretar o conteúdo manifesto dos jornais ou de outros tipos de documentos.

Na pesquisa em comunicação, a "matéria-prima" é feita de linguagens, palavras, imagens a serem captadas e interpretadas de um modo que muitas vezes não está desprovido de valores estéticos, e cuja evidenciação pode se tornar o ponto de partida para novas experiências comunicativas e artísticas. A dimensão estética está associada quer à arte de comunicar, quer à arte de pesquisar, o que quer dizer que se trata da produção de um determinado retrato do mundo que é também reflexo de uma intenção estética do seu produtor. Nesta perspectiva a área comunicativa está aberta a tipos de intervenção situados a meio caminho da arte ou até mesmo a tipos que pertencem a uma de suas formas, tal como, por exemplo, a forma audiovisual, com suas técnicas próprias.

Com alcance estético ou não, desenvolvem-se várias tentativas de comunicação diferente, para as quais são necessárias novas abordagens metodológicas. A pesquisa-ação é uma orientação minoritária que está sendo cogitada, especialmente no contexto da comunicação alternativa (Mata, 1981, p. 72-5 e 1983, p. 138-50), comunicação popular e de modo acoplado a diferentes práticas culturais ou militantes. Além disso, a pesquisa-ação é também discutida como possível meio de crítica à comunicação de massa.

A crítica dos meios de comunicação de massa, em particular da televisão, deixou de ser uma atividade limitada aos pequenos círculos de intelectuais radicais dos anos 60. Esta crítica faz parte da ordem do dia de muitos centros de pesquisa, inclusive com apoio de organismos internacionais. Tal como é administrada na sua forma capitalista, a televisão difunde uma cultura comercial ou uma ideologia consumista que se torna um grave problema, em particular nos países do Terceiro Mundo. Além disso, é muito grande o impacto da televisão sobre a vida política, criando um fantástico poder concentrado nas mãos de um número de pessoas bem reduzido.

No quadro geral da comunicação de massa, os críticos apontam principalmente fatos de dependência, dominação, manipulação ou alienação. Esses conceitos precisam ser relativizados, pois diversas categorias de público não são tão dependentes e se mostram capazes de dar uma reinterpretação do conteúdo das mensagens.

De acordo com a orientação da pesquisa-ação, é possível organizar um trabalho de reflexão sobre o uso da televisão a partir de experiências de grupos de telespectadores, profissionais, membros de associações voluntárias etc. Este tipo de intervenção consiste na descrição dos programas por parte de telespectadores organizados em grupos e cujos objetivos são relacionados com recepção crítica, conscientização, participação social e, até mesmo, contrainformação.

Tais pesquisas são geralmente organizadas em pequena escala e não se pretende produzir alterações ao nível da sociedade como um todo. Além do mais, os meios de comunicação de massa dependem de interesses econômicos e políticos que não se deixam abalar por pequenos movimentos críticos. Por parte dos grupos ou associações, a crítica é concebida como forma de resistência à imposição cultural dos conteúdos veiculados pelos meios de comunicação de massa.

Ao nível da atividade comunicativa concreta, esta perspectiva se concretiza em elaboração de material didático, concepção de meios de comunicação alternativos tais como jornais, filmes, videoteipes etc. Sem ilusão de competir com os meios de comunicação de massa, esses meios conseguem divulgar informações e, sobretudo, "modos de leitura" alternativos. De modo geral, trata-se de evidenciar as estratégias e táticas de persuasão e procurar elementos de decodificação dos conteúdos veiculados pelos meios de comunicação. São identificados elementos de conteúdo das notícias, argumentos de propaganda, tipificação da vida social em novelas etc. No nível das pessoas diretamente implicadas na pesquisa, a decodificação favorece uma relativa neutralização dos efeitos intencionais da comunicação. A ampla divulgação de algumas das chaves dessa decodificação constitui um dos importantes objetivos dos partidários da pesquisa-ação na área de comunicação. Essa atividade pode ser apoiada na crítica dos meios e se estender a atividades de contrainformação ou de comunicação alternativa junto aos movimentos populares.

Além da sua função crítica, a pesquisa-ação pode igualmente ser aplicada de modo construtivo para permitir uma maior participação dos grupos interessados em torno de diversas ações comunicativas: criação de um jornal, de uma rádio, espaço de lazer ou transformação de uma política de informação.

A pesquisa-ação pode ser utilizada como forma de trabalho preparatório para uma campanha de explicação acerca de algum assunto de grande relevância social ou política, objeto de debates públicos. Nesse caso, devemos salientar que a transformação é essencialmente uma transformação ao nível discursivo. Trata-se de fazer que aqueles que não têm voz possam gerar informações significativas sobre suas condições ou sobre seus possíveis relacionamentos com outros interlocutores. Há também casos de transformação que ocorrem quando, a partir de uma pesquisa, torna-se possível produzir e fazer circular informações ou conhecimentos que são tradicionalmente excluídos ou menosprezados por parte dos meios de comunicação de massa. Sem dúvida, é nesse quadro que a pesquisa-ação pode representar uma contribuição específica em matéria de discurso ou de comunicação alternativa a respeito dos quais os métodos convencionais têm pouco a oferecer. Além disso, é também útil destacar o fato de que o papel da pesquisa não se limita a fazer falar determinados interlocutores e produzir um discurso diferente. Trata-se de "trabalhar" sobre o discurso por meio de análises e interpretações. Isto supõe que seja ultrapassado o simples registro de informação espontaneamente gerada pelos interlocutores implicados na pesquisa.

Além de sua possível aplicação nas áreas de comunicação política e de comunicação alternativa, a pesquisa-ação é também cogitada para outras subáreas, tais como a comunicação rural e diferentes formas de expressão cultural ou artística.

À margem do que precede, notamos que existem situações nas quais os pesquisadores ou os produtores de material alternativo destinado à informação ou à comunicação não podem elaborar sozinhos uma perspectiva de ação ou de transformação. Isto acontece em particular, nas conjunturas de crise ou de "confusão" nos planos intelectual ou político. Neste tipo de situação, o pesquisador-ator, ou o produtor da área comunicativa, pode adotar uma postura de "testemunha", contribuindo para o debate através da geração de documentos significativos. Esta postura é assumida, entre outros, por Wildenhahn, cineasta e documentarista alemão. Escreve ele:

> Na medida em que a perspectiva social permanece confusa e controvertida, a elaboração dos documentários deveria estar colocada em primeiro lugar, porque os filmes documentários ajudam a procurar novas perspectivas (Wildenhahn, 1980).

Embora não seja em si própria uma diretriz de pesquisa-ação a postura favorável à produção de documentários, enquanto objetivo de pesquisa no quadro de atividades comunicativas, parece-nos importante não somente no caso peculiar da produção de material audiovisual. Os documentos produzidos pelos pesquisadores e outros profissionais da comunicação, quando concebidos em função dessa postura, podem se revelar muito importantes para futuras ações e discussões públicas que não podiam ser cogitadas no decorrer da pesquisa. Como conteúdo de tais documentos, deve-se salientar a importância de depoimentos populares.

3. Serviço social

A área de serviço social é uma das áreas em que, apesar dos obstáculos, já existe uma tradição de aplicação da metodologia de pesquisa-ação. Tal aplicação é, no entanto, marcada pelas especificações e pelas ambiguidades próprias ao serviço social enquanto forma de atuação na sociedade.

Em geral os profissionais do serviço social são empregados por empresas privadas ou instituições públicas para intervir em diversas situações nas quais certas categorias da população (operários, favelados, menores abandonados, idosos etc.) enfrentam problemas sociais e existenciais que resultam dos efeitos do funcionamento da sociedade global (desigualdade, desemprego, pobreza etc.) e das correspondentes relações sociais que são determinantes desses efeitos. É claro que sem profundas alterações da estrutura social não se pode esperar grandes e duráveis transformações na condição das pessoas implicadas e que estejam ao alcance do serviço social.

A observação e a intervenção de pesquisadores nas situações consideradas são limitadas em função das exigências institucionais e da fraca capacidade de ação autônoma dos grupos que, em geral, são desfavorecidos e mantidos em situação de não poder. Além disso, o tipo de atuação do serviço social é tradicionalmente limitado por concepções prevalecentes (assistencialismo, paternalismo, redução dos problemas sociais a problemas psicológicos como os do tipo "desajuste familiar", predomínio das técnicas de pesquisa individualizante, tipo entrevista "clínica" etc.). Nesse quadro geral, o serviço social tem sido, algumas vezes, objeto de preconceitos negativos por parte de profissionais de outras áreas.

Seja como for, muitos profissionais do serviço social, no Brasil e na América Latina, desafiam os obstáculos e desenvolvem um intenso trabalho de redefinição metodológica da sua prática, abrindo um profundo debate visando um redirecionamento crítico. O tradicional quadro teórico inspirado no positivismo e no funcionalismo foi alvo de uma aguda crítica. Nos últimos anos, a reflexão metodológica do serviço social abrangeu questões relativas à diversidade das tendências filosóficas que são geradoras de metodologia. No intuito de substituírem o positivismo e o funcionalismo, que prevalecem em muitos lugares, os trabalhadores sociais têm procurado tendências diferentes ligadas à fenomenologia, ao materialismo dialético e a outras tendências das quais se espera alguma alternativa prática.[2] Além disso, a categoria procurou não restringir seu campo de atuação ao da demanda oficial institucional ou ao do acompanhamento do pessoal nas empresas e também tem desempenhado um papel de assessoria no contexto dos movimentos populares urbanos e rurais.

A busca de alternativas supõe uma redefinição dos quadros teóricos e metodológicos e a conquista de uma autonomia suficiente para que os profissionais possam experimentá-las. Sem entrarmos em detalhes, notaremos que os novos quadros teóricos a serem adotados deveriam permitir uma clara compreensão das relações existentes entre as características

2. Há uma longa lista de trabalhos a respeito dessas discussões no Brasil e na América Latina. Entre outros, indicamos: *Teorização do serviço social*. Documentos de Araxá, Teresópolis e Sumaré. Rio de Janeiro, Agir — CBCISS, 1984, 233 p.; L. V. Magalhães, *Metodologia do serviço social na América Latina*. São Paulo: Cortez Editora, 1982, 148 p.; M. H. de Almeida Lima, *Serviço social e sociedade brasileira*. São Paulo: Cortez Editora, 1982, 141 p.; L. L. Santos, *Textos de serviço social*. São Paulo: Cortez Editora, 1982.

globais da sociedade (classes, Estado etc.) e as características psicossociais das situações de vida das diversas categorias sociais desfavorecidas que são consideradas no serviço social.

No plano metodológico, parece-nos altamente significativo o fato de que a metodologia da pesquisa-ação e de outras formas de intervenção semelhantes estejam na pauta das discussões. O serviço social constitui um excelente campo de aplicação e de possível desenvolvimento da pesquisa-ação. As experiências já realizadas mereceriam maior divulgação.

No processo de observação e questionamento que é próprio ao dispositivo da pesquisa-ação, pretende-se superar os problemas relacionados com a individualização das observações do quadro da pesquisa convencional. Os pesquisadores desempenham um papel ativo que consiste na dinamização do meio social observado. Além disso, certos grupos desse meio também participam ativamente da definição de objetivos determinados.

A equipe de pesquisadores entra em contato estreito e prolongado com o meio social. Este fato adquire, em geral, uma dimensão política que se torna cada vez mais explícita à medida que progride a ação coletiva que é objeto de acompanhamento. Na pesquisa convencional, a dimensão sociopolítica sempre existe, mas frequentemente é "recalcada" por artifícios técnicos psicologizantes. Contrariamente à corrente psicologização das situações de investigação, consideramos que a pesquisa-ação pode ser dirigida de modo a tornar mais explícita a definição sociopolítica de sua base de observação e de intervenção. Nesta definição é necessário dar conta da especificidade da prática do serviço social, que não deve ser confundida com outras práticas.

No contexto do serviço social, a metodologia da pesquisa-ação pode permitir um melhor equacionamento dos problemas de aproximação à realidade social, de inserção dos pesquisadores e profissionais e de suas formas de intervenção. Os ganhos de conhecimento precisam ser registrados e constantemente sistematizados. Também são objeto de atenção as práticas educativas associadas à pesquisa e à divulgação de informações na coletividade.

O quadro institucional do serviço social ainda apresenta muitos obstáculos à prática prolongada da pesquisa-ação, entre os quais um dos principais, segundo A. Sauvin, é a falta de disponibilidade de tempo dos trabalhadores sociais (no contexto da Suíça), sempre atarefados no exercício de sua profissão e também por outras dificuldades na dedicação à pesquisa (fraco domínio da linguagem escrita etc.) (Sauvin, 1981, p. 58-61). Tais dificuldades precisam ser superadas em particular por meio de treinamento adequado.

4. Organização e sistemas

A área organizacional contém todas as atividades cujos objetivos consistem em coordenar diferentes grupos de trabalho e decidir a respeito das metas e meios necessários para produzir um determinado produto ou serviço. Embora existam organizações sem fim lucrativo, consideramos aqui que a maioria das pesquisas e intervenções se dão nas organizações de tipo empresarial, de capital privado ou estatal. A organização é assumida por diferentes tipos de gerentes ou de executivos subordinados aos interesses do capital. A organização da produção não pode ser executada sem trabalhadores de diferentes qualificações. Várias escolas organizativas recomendam a introdução de métodos participativos com os quais se pretende melhorar o relacionamento entre organizadores e executores do trabalho, no intuito de aumentar a produtividade e, eventualmente, melhorar alguns aspectos das condições de trabalho.

A área organizacional é malvista por parte de muitos pesquisadores das outras áreas devido ao fato de que a organização é muito marcada pelo espírito empresarial: busca de eficiência, mudança controlada relacionada com a informatização, reformas sobre o fundo da intocabilidade das relações de poder etc. Além disso, no mundo dos pesquisadores e dos consultores da área, há um clima de competição, segredo, "arrivismo". Muitos consultores parecem sobretudo preocupados em "faturarem", recorrendo inclusive a métodos "participativos" sem efetiva contribuição ao conhecimento. Nesse quadro, haveria então certos receios quanto a um possível aproveitamento da pesquisa-ação por parte de interesses particulares.

De fato, já existe uma tradição de pesquisa-ação na área organizacional cujas ambiguidades são relacionadas com a estrutura de poder, talvez mais evidente do que noutras áreas. Todavia, tais ambiguidades também existem nestas outras. Na educação ou na comunicação também podemos encontrar patrões, empregados e "aproveitadores", mas as relações de poder são aparentemente mais "diluídas" do que na área organizacional, onde as decisões são fortemente concentradas. No âmbito das empresas, quase nenhuma pesquisa e nenhuma ação podem ser realizadas sem o acordo ou consentimento dos empresários. Segundo M. Bourgeois e D. Carré:

> Sem incitação dos diretores, é ilusório esperar uma profunda modificação dos modos organizacionais. É claro que o sindicato, o jurista e o intelectual podem contribuir aos novos processos, mas seu alcance permanecerá simbólico, caso as diretorias não aderirem a esses projetos (Bourgeois e Carré, 1982, p. 102).

Muitas transformações precisam ser cumpridas para se alcançar o reconhecimento do caráter social da organização do trabalho com controle dos trabalhadores. A organização do trabalho não poderá ser deixada entregue ao poder autocrático dos donos e ao bem-querer de seus familiares.

O poder privado cria uma limitação muito forte. No entanto, existe alguma mudança nas conjunturas de transformação social e política dos últimos anos (na França e também no Brasil), quando intelectuais de oposição acederam a cargos de responsabilidade, principalmente em organismos do Estado e empresas importantes.

Mediante uma progressiva "moralização" da área organizacional, para a qual a participação efetiva e a atuação sindical dos assalariados podem contribuir, podemos esperar que haja uma demanda favorável por um novo tipo de pesquisa, cuja metodologia seria influenciada pela concepção da pesquisa-ação. Isto seria um instrumento de obtenção de informações e de negociação das soluções levadas em consideração na resolução de problemas de ordem técnico-organizativa. Seria também um meio de produzir e de difundir conhecimentos especializados que fossem utilizáveis de modo coletivo, isto é, de modo a quebrar o "monopólio" ou o "segredo" dos especialistas. Haveria igualmente a possibilidade de uma ampla demistificação das soluções "técnicas" que, tradicionalmente, são dadas aos problemas econômicos e sociais à revelia dos interessados.

Na medida do possível, e supondo que os obstáculos sejam superáveis, podemos considerar que a pesquisa-ação consistiria em estabelecer uma forma de cooperação entre pesquisadores, técnicos e usuários para resolverem conjuntamente problemas de ordem organizativa e tecnológica. O processo seria orientado de modo que os grupos considerados pudessem propor soluções ou ações concretas e, ao mesmo tempo, adquirir novas habilidados ou conhecimentos.

Em si própria, a pesquisa-ação não é uma ideia recente no contexto organizacional. Já foi sugerida nos anos 40, nos trabalhos de K. Lewin nos Estados Unidos, e foi experimentada em atividades associadas aos departamentos de "recursos humanos". Nesse caso particular, a pesquisa-ação é concebida dentro de um quadro teórico de natureza psicológica ou psicossociológica e é frequentemente associada a operações de treinamento; K. Lewin escrevia: "Cumpre-nos considerar a ação, a pesquisa e o treinamento como triângulo que deve se manter uno em benefício de qualquer de seus ângulos" (Lewin, 1973, p. 255). A relação entre pesquisa-ação e treinamento, ainda hoje, é uma das características importantes das práticas constitutivas da organização. No entanto, tal concepção tem sido criticada. O treinamento é frequentemente concebido de modo diretivo, como se fosse um tipo de adestramento sem conscientização e autonomia dos agentes implicados. Além disso, a pesquisa-ação tem funcionado dentro de uma problemática psicossociológica na qual as relações sociais e políticas são vistas principalmente como relações interpessoais ou psicológicas. Por esses e outros motivos, a pesquisa-ação organizacional é criticada por partidários da pesquisa-ação das outras áreas cujas perspectivas são mais radicais.

A partir dos anos 60, de acordo com a concepção reformista dos programas de "democracia industrial", nos países da Europa do Norte, a pesquisa-ação faz parte dos instrumentos utilizados para estudar e transformar a organização do trabalho dentro da problemática sociotécnica. Nesta é analisada a interrelação dos aspectos sociais (estruturas de grupos, hierarquia, formação profissional, qualidade de vida no trabalho etc.) com os aspectos tecnológicos (disposição física das máquinas, automatização etc.). Nesse quadro, a pesquisa-ação é um procedimento de estudo e de resolução de problemas por meio de seminários que reúnem pesquisadores e representantes de todas as categorias de pessoas implicadas. Tais seminários são dirigidos por analistas ou consultores externos e podem ser incorporados especialistas de diversas formações técnicas (engenharia, analistas de sistemas etc.) (Thiollent, 1983, Cap. 3).

De acordo com a filosofia geral da tendência sociotécnica, a organização taylorista está superada e é preciso substituir o trabalho parcelado e as linhas de montagem convencionais por diversas formas de recomposição do trabalho e pela criação de grupos dispondo de certa autonomia. Com esta visão, pretende-se reduzir a monotonia do trabalho, o isolamento dos indivíduos e envolvê-los em relações de caráter coletivo. Para alcançar tais objetivos, são aplicados programas de pesquisa-ação (Ortsman, 1978; Liu, 1982).

No plano metodológico, considerando os paradoxos e a impossibilidade de realizar o ideal de não interferência do dispositivo de pesquisa no objeto observado, os partidários da pesquisa-ação optam por uma concepção metodológica oposta: o dispositivo de pesquisa interfere explicitamente no "objeto investigado" e este passa a colaborar na própria investigação associada à ação. Os métodos experimentais comuns, válidos em laboratórios, seriam inadequados na pesquisa em organizações reais. A pesquisa-ação é então apresentada como alternativa. Seu princípio fundamental consiste na intervenção dentro da organização na qual os pesquisadores e os membros da organização colaboram na definição do problema, na busca de soluções e, simultaneamente, no aprofundamento do conhecimento científico disponível. A pesquisa é acoplada a uma ação efetiva sobre a solução do problema e é também acompanhada por práticas pedagógicas: difusão de conhecimentos, treinamento, simulação etc. A pesquisa-ação, no quadro sociotécnico, pretende aproveitar os fenômenos de tomada de consciência, os fluxos de afetividade e o potencial de criatividade contidos na organização (Liu, s/d.).

Como vimos nos capítulos anteriores, os partidários da pesquisa-ação em contexto organizacional pretendem resolver o problema das relações de poder pela participação dos representantes de todas as partes ou interesses implicados, inclusive os trabalhadores e os sindicatos, sem o consenso dos quais é impossível se praticar a pesquisa-ação dentro das regras deontológicas aceitas pelos pesquisadores para evitar manipulações.

Independentemente da sociotécnica, a pesquisa-ação é igualmente uma proposta conhecida pelos analistas de *sistemas de informação*. Seu papel consiste em facilitar a aprendizagem. Segundo P. Jobim Filho, a pesquisa-ação dá ao relacionamento entre analista e usuário o caráter de "aprendizagem conjunta" (Jobim Filho, 1979). Nesse contexto, a pesquisa-ação consiste em identificar os problemas e desenvolver um programa de ação a ser acompanhado e avaliado. A pesquisa-ação assim concebida é um modo de intervenção dos analistas de sistemas nas organizações e, em geral, limita-se à esfera dos dirigentes e usuários da informação.

Ainda no meio dos especialistas em análise de sistemas e cibernética, a pesquisa-ação é encarada sob outros aspectos (Cheskland, 1981, 2ª Parte). Para muitos analistas, a ação associada à pesquisa se limita a uma forma de colaboração com os "clientes" e se baseia num pressuposto de consenso ou de harmonia entre as partes. Contrariamente a este ponto de vista, A. Thomas aborda a análise de sistemas com outros pressupostos: a cooperação das partes e a geração de tensão orientada para mudanças controladas, em vez de uma harmonia *a priori* (Thomas, 1980, p. 339-53). Nesse quadro funciona a pesquisa-ação, que gera uma tensão entre *o que é* e *o que poderia ser*, isto é, fazendo intervir a dissociação entre, de um lado, os fatos que compõem a situação presente e, por outro, as diretrizes normativas a partir das quais é definida a situação desejável.

Nos últimos anos, a pesquisa-ação tem sido pensada como instrumento adaptado ao estudo, em situação real, das mudanças organizacionais que acompanham a introdução de novas tecnologias, principalmente as baseadas na informática. Com ela pretende-se facilitar a implementação e a assimilação das novas técnicas informáticas, a circulação da informação, a aprendizagem coletiva, a organização do trabalho em grupos com reunião de competências variadas. Pretende-se igualmente melhorar as condições de uso e as adaptações dos equipamentos e promover a organização do trabalho com sistemas de consultas dos membros dos diferentes níveis hierárquicos. Dentro da organização, as técnicas informáticas visam fazer circular a informação de modo propício ao aumento da produtividade. Vários estudiosos e consultores da área organizacional têm recomendado o uso de métodos participativos, definidos como "métodos recorrendo à sensibilização, informação, treinamento, implicação dos usuários dos sistemas técnicos ao nível da decisão". Os autores acrescentam: "Em geral, tais métodos asseguram uma melhor aceitação da organização e uma melhor aceitação da nova divisão das tarefas" (Cottave e Faverge, 1982, p. 47).

Por sua vez, M. Bourgeois e D. Carré consideram que a pesquisa-ação "suscita e facilita as mudanças da organização, ao mesmo tempo que permite formular e difundir a experiência adquirida no decorrer dessas mudanças" (Bourgeois e Carré, 1982, p. 98).

No contexto da informatização das organizações, a pesquisa-ação é considerada como operação mais profunda do que uma simples técnica de consultoria. No decorrer da sua aplicação, segundo H. Tardieu, "é preciso identificar e separar, de um lado, os resultados generalizáveis destinados à difusão e, por outro, as recomendações específicas, destinadas à empresa" (Tardieu, 1982, p. 124).

Em torno das necessidades do desenvolvimento da pesquisa organizacional sob todos os seus aspectos, faz-se necessário um programa de divulgação e treinamento em matéria de pesquisa-ação. Tal programa visaria facilitar a pluridisciplinaridade, o relacionamento dos pesquisadores entre si, a sua colaboração com membros representativos das organizações e com consultores e outros profissionais. Haveria também uma rediscussão dos critérios de avaliação dos resultados da pesquisa em função da exigência de produção de conhecimento e da satisfação dos interesses práticos.

5. Desenvolvimento rural e difusão de tecnologia

As pesquisas voltadas para a agricultura abrangem problemas de agronomia, biologia, pecuária, tecnologia, economia, sociologia, comunicação, difusão de tecnologia, extensão rural etc. A pesquisa sobre o desenvolvimento rural é pluridisciplinar e possui uma finalidade de conhecimento da situação dos produtores e de elaboração de propostas de planejamento nos planos local, regional ou nacional. A pesquisa sobre a difusão de tecnologia visa, em geral, facilitar a adoção de novas técnicas entre os produtores. As pesquisas sobre o desenvolvimento e a difusão são algumas vezes separadas; outras vezes são relacionadas entre si e vinculadas a preocupações de caráter educativo, comunicativo ou organizativo. De modo prevalecente, nas instituições de pesquisa agropecuária, as metodologias de pesquisa utilizadas pertencem ao padrão de pesquisa convencional (métodos quantitativos aplicados sem participação dos usuários). Nos últimos anos, sobretudo em função dos interesses dos pequenos e médios produtores, foi experimentada, ou pelo menos discutida, a possibilidade de aplicação de alternativas metodológicas de tipo "pesquisa participante" ou "pesquisa-ação" em matéria de desenvolvimento rural e de difusão de tecnologia.

1. Na concepção participativa do desenvolvimento rural, considera-se que os produtores devem se organizar em torno dos problemas que acham mais importantes para adquirir uma capacidade coletiva de decisão e de controle quanto à utilização de recursos (Gow e Vansant, 1983, p. 427-46). Não se deve confundir o desenvolvimento rural participativo e a pesquisa ativa ou participativa sobre o desenvolvimento rural. Em termos gerais, não se deve confundir a pesquisa e o objeto pesquisado. Todavia, a concepção participativa do desenvolvimento rural sugere que a concepção da pesquisa que lhe é associada seja também participativa. No caso, isto implica que os pesquisadores recorram às técnicas utilizadas em pesquisa participante e pesquisa-ação: reuniões, seminários, entrevistas coletivas, aprendizagem conjunta na resolução dos problemas identificados etc.

Internacionalmente, existem programas de atividades de desenvolvimento rural junto a populações rurais pobres em vários países do Terceiro Mundo, com aplicação de métodos de pesquisa ativa e participativa. É o caso, por exemplo, do programa elaborado por M. A. Rahman (1983 e 1984) e promovido pela Organização Internacional do Trabalho, com sede em Genebra (Suíça). O autor aborda diversos problemas de fundamentação teórico-metodológica da pesquisa participativa e da pesquisa-ação (reunidas por ele na expressão "pesquisa-ação participativa") e indaga sobre sua possível contribuição para a transformação social em meio rural a partir de algumas experiências em países asiáticos (Índia, Sri Lanka, Bangladesh). A temática dessas experiências é relacionada com o desenvolvimento da conscientização do campesinato desfavorecido, com vistas à definição de seus interesses próprios. A metodologia é de tipo participativo e ativo, ou mobilizador. O aspecto de autonomia (*self reliance*) é enfatizado. Como fundamentos desse tipo de pesquisa são levadas em consideração as contribuições de Paulo Freire e de Orlando Fals Borda.

O autor mostra também que o movimento internacional favorável à pesquisa-ação participativa vive uma tensão. De um lado, os seus partidários adotam uma estratégia de crítica radical e de mobilização popular. Por outro lado, há um reconhecimento oficial por parte de certas instituições ou governos, nem sempre progressistas, o que coloca certos pesquisadores em situação de dilema. No que diz respeito aos aspectos epistemológicos, M. A. Rahman mostra que a pesquisa-ação participativa não pode aceitar a exclusão dos valores como no caso do empirismo, do positivismo lógico ou do estruturalismo. Os valores operando na pesquisa-ação participativa são aqueles que pertencem à aplicação do conhecimento na prática das classes sociais consideradas. A pretensa neutralidade dos métodos convencionais é considerada como ilusão. A objetividade é sempre relativa e remete ao consenso dos pesquisadores dentro de uma concepção da investigação científica que não é única. No caso particular da pesquisa-ação participativa, a objetividade é relacionada com as condições de uma verificação coletiva pelos participantes.

2. Nos estudos específicos de difusão de tecnologia, tem prevalecido, nas últimas décadas, a aplicação de técnicas convencionais de pesquisa em comunicação, especialmente sob influência de E. Rogers e outros (Rogers e Shoemaker, 1971). O padrão de análise comunicativo tem sido criticado por vários autores (Thiollent, 1984d, p. 43-51), em particular no que diz respeito ao modo de encarar a adoção de inovações pelos produtores. As inovações correspondem sobretudo aos produtos do setor industrial

(tratores, adubos, pesticidas) para a venda dos quais é preciso influenciar os produtores, por intermédio dos meios de comunicação e da influência pessoal dos extensionistas. De acordo com esta visão do mundo rural, a pesquisa focaliza as atitudes e comportamentos individuais e categoriza os produtores em função da facilidade ou da dificuldade de sua persuasão. Os produtores de fácil persuasão em matéria de adoção de novas técnicas são considerados como modernos, os outros são tradicionais.

Hoje em dia, em vários países, grupos de pesquisadores discutem e tendem a experimentar orientações diferentes, frequentemente favoráveis à pesquisa participante e à pesquisa-ação. As questões tecnológicas não se limitam ao aspecto de difusão ou de adoção de técnicas prontas. Pretende-se redefinir os diferentes aspectos da difusão sem separá-los dos aspectos de geração, adaptação e avaliação em um determinado contexto socioeconômico e cultural. A ideia de simples difusão pressupõe que a técnica vem pronta de fora para dentro do mundo rural e que não precisa ser adaptada ativamente pelos produtores em função do seu saber próprio e em função de outras circunstâncias locais. Além disso, frequentemente se perde de vista que os produtores possuem potencialidades próprias em matéria de geração de técnicas simples e adaptadas às suas condições econômicas. Possuem também potencialidades de aprendizagem, habilidades e sabem que podem contribuir para a adaptação de técnicas existentes. De acordo com Paulo Freire:

> Subestimar a capacidade criadora e recriadora dos camponeses, desprezar seus conhecimentos, não importa o nível em que se achem, tentar "enchê-los" com o que aos técnicos lhes parece certo, são expressões, em última análise, da ideologia dominante (Freire, 1982, p. 32).

Nos estudos rurais, de acordo com I. C. Sales, J. A. S. Ferro e M. N. C. Carvalho (1984, p. 32-44), precisamos rever a metodologia de diagnóstico para superarmos o nível da simples constatação de carências entre os pequenos produtores e darmos atenção às suas potencialidades e capacidade de aprendizagem e de organização coletiva.

De modo geral, a participação dos produtores na pesquisa é vista como meio de identificação dos problemas concretos, definição das prioridades, escolha das soluções praticáveis em função das condições socioeconômicas e do saber popular existente. Por sua vez, a avaliação dos resultados e das propostas técnicas é também efetuada de modo coletivo. Esta avaliação visa salientar as possíveis melhorias das condições de uso das técnicas e minimizar os usos inadequados e riscos decorrentes nos planos social e ecológico. A participação dos produtores constitui uma condição importante para uma adequada orientação dos trabalhos dos pesquisadores e especialistas, inclusive em matéria de ciências da natureza e biologia (Torchelli, 1984, p. 27-41). Esta colaboração dá um relevo particular aos problemas da relação entre saber formal e saber informal que se manifestam ao nível da comunicação e da aprendizagem.

Além disso, nos programas de desenvolvimento rural concebidos de modo participativo, a questão da difusão de tecnologia não é abordada sozinha e está inserida numa conjugação de outros aspectos: educação, saúde, bem-estar, cultura etc.

3. Em resumo, entre os assuntos relevantes a serem tratados numa perspectiva de pesquisa-ação, em matéria de desenvolvimento rural e de difusão de tecnologia, podemos destacar os seguintes:

a) Redefinição dos enfoques, nos planos conceitual e metodológico, da difusão de tecnologia e comunicação rural.
b) Revisão das técnicas de diagnóstico de modo a evidenciar as potencialidades dos produtores em vez de suas carências.
c) Divulgação da metodologia de pesquisa participante, pesquisa-ação, ou ainda, pesquisa-ação participativa.
d) Métodos de resolução de problemas com participação de produtores, pesquisadores, técnicos, extensionistas etc.

e) Estudo da relação entre saber formal do especialista e saber informal do produtor, com mapeamento dos problemas de comunicação.
f) Metodologia de planejamento de ações de desenvolvimento local ou regional.
g) Experimentação de pesquisas agropecuárias em situação real, isto é, nas fazendas e não apenas em estações experimentais.
h) Experimentação de técnicas geradas por produtores.
i) Metodologia de avaliação de caráter participativo.
j) Possíveis subsídios didáticos e informáticos.

6. Práticas políticas

Nos itens anteriores, sobre educação, comunicação, serviço social, organização, desenvolvimento rural, ficou mais ou menos evidente que as propostas de pesquisa-ação sempre apresentam algum aspecto político quanto ao tipo de comprometimento dos pesquisadores com a ação de grupos sociais, dentro de uma situação em transformação. No entanto, esse aspecto político permanece vinculado a uma atividade substantiva (educar, informar, organizar etc.) para a qual é preciso pesquisar e articular objetivamente as informações obtidas entre os representantes da situação investigada e os conhecimentos disponíveis entre pesquisadores, especialistas e outros profissionais de cada área.

No caso das práticas políticas, a pesquisa-ação toma como objeto uma atividade explicitamente política. Por exemplo, a constituição de um grupo político, a organização de uma campanha de adesão, a redefinição de uma estratégia ou tática, a conduta de uma campanha eleitoral, a denúncia popular da política do governo, a mobilização de uma categoria da população para formular reivindicações e conquistar determinados objetivos etc. As práticas políticas não se limitam ao aspecto profissional, sempre possuem um aspecto militante e exigem maior comprometimento por parte dos organizadores da pesquisa.

As práticas políticas são concentradas em torno de grupos militantes atuando em organizações político-partidárias, organizações sindicais ou outros tipos de movimentos. Não é necessária a completa identificação dos pesquisadores com os militantes do grupo ou movimento considerado. Frequentemente existe alguma forma de simpatia. No caso particular da atuação sindical, a pesquisa-ação pode ser aplicada dentro de uma visão militante, isto é, uma linha que não se limita à função de defesa econômica, jurídico-assistencial de determinadas categorias profissionais.

As práticas políticas podem ser objeto de pesquisa ao nível dos movimentos dos trabalhadores urbanos ou rurais e, também, ao nível de movimentos específicos: movimento estudantil, feminista, ecológico e movimentos de afirmação de identidade cultural. Na América Latina já existe uma rica experiência em projetos de pesquisa-ação sobre práticas políticas junto a movimentos de mulheres e movimentos de educação popular (ver documentos do Celadec).

Por enquanto, só retomaremos aqui uma questão relacionada com a pesquisa em meio operário, frequentemente discutida: quais são as diferenças e as possíveis relações entre pesquisa-ação e enquete operária?

A enquete operária é uma noção que surgiu no século XIX, na Europa, para designar um tipo de pesquisa ou de censo sobre a situação da classe trabalhadora, com aspectos sociais, econômicos, sindicais e políticos. Inicialmente a enquete operária foi concebida a pedido das autoridades para "entenderem" os problemas da classe trabalhadora. Mais tarde, a enquete operária foi utilizada por grupos socialistas no intuito de produzir autonomamente informações e conhecimentos sobre a situação da classe.

Vimos em outra oportunidade (Thiollent, 1980a, Cap. 4) que, na enquete operária, especialmente no questionário formulado por K. Marx em 1880, existem princípios prefigurando alguns aspectos da pesquisa-ação, com dimensão crítica e política. Por exemplo, o princípio segundo o qual são associados à pesquisa elementos explicativos ao nível dos respondentes para facilitar o descondicionamento em relação às respostas estereotipadas. No entanto, a enquete operária permaneceu como noção associada a uma concepção da investigação mais próxima à de "censo" do que à de pesquisa-ação.

A noção de pesquisa-ação é mais recente e foi associada a uma perspectiva psicossociológica nos anos 40 e 50 com finalidades práticas de orientação bastante conformista. Nos anos 60 e 70, a pesquisa-ação ressurgiu numa perspectiva crítica associada a formas de militância política ou de intervenção cultural. É sobretudo nesta linha que pesquisa-ação e enquete operária podem ser repensadas conjuntamente.

Embora faltem exemplos na literatura disponível, a pesquisa-ação relacionada com o movimento operário é possível, com objetivos comparáveis aos da enquete operária. Seria um tipo de investigação sobre as práticas políticas ou sindicais da classe operária. A metodologia seria atualizada em função do saber-fazer hoje em dia disponível nas ciências sociais.

A problemática da pesquisa-ação aplicada às práticas políticas da classe operária poderia levar em conta a linha teórica e prática influenciada por A. Gramsci no que diz respeito ao relacionamento interativo entre intelectuais e massas. Esse relacionamento não é concebido de modo unilateral: os intelectuais ensinam às massas e as massas ensinam aos intelectuais. Desta troca, nos planos investigativo e pedagógico, resultaria uma contribuição à transformação cultural e política, orientada em função da formação da hegemonia das classes dominadas.

Podemos conceber um tipo de investigação ativa que seja capaz, nos seus próprios procedimentos, de fazer conhecer as condições de trabalho, as condições de vida e de atuação política dos trabalhadores e de oferecer indicações para a transformação das representações ideológicas.

Para elaborar uma pesquisa no contexto atual da classe operária, é preciso rever a problemática das transformações que ocorrem na organização do trabalho (automação etc.) e a evolução da ação sindical e política. Os temas e as perguntas a serem abordadas não podem ser uma simples adaptação do antigo questionário de K. Marx. Junto aos próprios trabalhadores, os pesquisadores precisam identificar todos os problemas vinculados às atuais formas de remuneração, nível de vida, horário de trabalho, emprego, saúde, transporte, moradia e também os problemas específicos das mulheres, migrantes, jovens etc. Entre os temas importantes a serem estudados, estão: a formulação das reivindicações e do plano da ação, a evolução dos conflitos e o efeito das lutas sobre a vida cotidiana e as formas de expressão cultural. Além disso, há toda uma parte relativa ao contexto econômico e político, à estratégia das empresas e às linhas partidárias e sindicais em debate. A abordagem de todos esses temas está situada dentro de uma problemática sociológica global que destaca o trabalho assalariado e os aspectos políticos e culturais que interferem na percepção e na relevância atribuída a cada um dos elementos da temática.

Relacionado com a investigação sobre as práticas políticas, um outro problema — objeto de muitas discussões — diz respeito à relação entre o saber "sofisticado" dos intelectuais e o saber "popular" ou as representações "imediatas" com as quais as massas descrevem suas condições sociais (Thiollent, 1980b). Este problema é sempre objeto de tensão e, na sua forma geral, remete à relação entre, de um lado, os marcos teóricos e os conceitos científicos e, por outro lado, o senso comum. Existem várias maneiras de resolver este problema, dependendo da orientação metodológica ou epistemológica adotada. A mais divulgada das orientações — a positivista — é incompatível com o modo ativo de conceber a investigação. Muitos sociólogos têm pretendido afastar de uma vez por todas o senso comum de suas conceituações e análises por meio de regras de observação sem diálogo com os interessados. Ao contrário, numa concepção ativa, o tratamento a ser dado ao senso comum passa pelo diálogo entre investigadores e membros representativos da situação investigada. Além do mais, esse tratamento adquire uma dimensão crítica e transformadora. É preciso sublinhar que tratamento ativo do senso comum não quer dizer aceitação do mesmo como explicação ou representação adequada da realidade. No plano da investigação científica, a regra segundo a qual se deve manter uma distância entre a conceituação e as representações "imediatas" é plenamente justificada. O conhecimento científico se desenvolve em ruptura com as representações "imediatas" sugeridas pelo senso comum. Negar essa distância leva ao empiricismo ou ao subjetivismo. No entanto, a aceitação de tal regra não implica que seja adotado, como único padrão de observação científica, o padrão convencional, unilateral e antidialógico; herdado de uma concepção das ciências da natureza que já é parcialmente superada. Em contraposição, podemos sugerir um tipo de observação-questionamento no qual seja mantida a exigência de distanciamento para com o senso comum, mas de uma maneira interativa, como seria o caso na pesquisa-ação.

7. Conclusão

No presente capítulo apresentamos, em visão panorâmica, as aplicações da pesquisa-ação em várias áreas de conhecimento e de atuação na sociedade: educação, comunicação, serviço social, organização e sistemas, desenvolvimento rural, difusão de tecnologia e práticas políticas. Descrevemos algumas das tendências existentes e também indagamos possibilidades abertas para o futuro. Ficou bastante claro o fato de que não é monolítica a perspectiva ideológica ou política na qual funcionam os vários tipos de propostas de pesquisa-ação. Existe uma grande diversidade de objetivos. Na concepção das práticas educativas ou políticas, os partidários da pesquisa-ação adotam frequentemente uma orientação crítica, mais ou menos radical, voltada para a conscientização ou para a mobilização popular. Ao passo que, entre os partidários da pesquisa-ação nos contextos organizacional e tecnológico, a orientação é mais "acomodada", procurando transformações satisfatórias e compatíveis com a adaptação e o funcionamento das organizações existentes. Tais pesquisadores apagam o conteúdo potencialmente radical da proposta metodológica da pesquisa-ação, fazendo dela apenas uma técnica de resolução de problemas.

Toda pesquisa é permeada pela perspectiva intelectual, pelos objetivos práticos, pelo quadro institucional, pelas expectativas dos interessados nos seus resultados etc. Porém, os pesquisadores não são neutros nem passivos. Sem desconhecerem a presença dos interesses, devem conquistar suficiente autonomia, com inevitáveis "negociações", para terem condição de aplicar regras de uma metodologia de pesquisa que não se limite a uma satisfação circunstancial das expectativas dos atores. Atrás da demanda explícita que recebem, os pesquisadores esclarecem as intenções subjacentes e aplicam táticas de pesquisa visando compatibilizar os objetivos de conhecimento e os objetivos de ação.

No plano normativo, foi salientada a divergência existente entre as propostas de pesquisa-ação com finalidade crítica e as propostas com finalidade técnica ou adaptativa. Ao nível da reflexão sobre o conjunto das aplicações nas diferentes áreas, tal divergência não deixa de criar certa tensão quanto à unidade de perspectiva da pesquisa-ação. No fundo, a divergência é reflexo da ambivalência de muitas ações sociais. Trata-se de conhecer para agir, de agir para transformar, mas as possíveis transformações nem sempre são radicais ou aquelas que desejaríamos *a priori*. As transformações propostas levam em conta normas de adequação ao contexto que é favorável a rupturas ou a adaptações limitadas. Em todas as circunstâncias, os pesquisadores não podem aplicar uma norma de ação preestabelecida e devem ficar atentos à negociação do que é realmente transformável em função das formas de poder, do grau de participação dos interessados e da especificidade das formas de ação: ação pedagógica, ação educacional, ação comunicativa, organizativa, tecnológica e política etc.

CONCLUSÃO

À guisa de conclusão, formularemos alguns comentários adicionais que estão diretamente relacionados com o possível desenvolvimento da pesquisa-ação enquanto estratégia de conhecimento e método de investigação concreta e de atuação em várias áreas sociais.

Na concepção da pesquisa-ação, as condições de captação da informação empírica são marcadas pelo caráter coletivo do processo de investigação: uso de técnicas de seminário, entrevistas coletivas, reuniões de discussão com os interessados etc. A preferência dada às técnicas coletivas e ativas não exclui que, em certas condições, as técnicas individuais, entrevistas ou questionários, sejam também utilizados de modo crítico. Além disso, pode-se recorrer a explicações específicas e a discussões orientadas no intuito de favorecer o desvendamento da realidade. Uma outra característica da pesquisa-ação, ao nível da captação de informação, diz respeito ao modo de determinar e selecionar os indivíduos ou grupos. Embora seja possível recorrer a técnicas estatísticas de amostragem convencionais, prefere-se, na maioria dos casos, pesquisar e agir com o conjunto da população implicada na situação-problema, quando isto é factível, ou com uma amostra intencional, cuja representatividade é sobretudo de ordem qualitativa. A constituição de uma amostra intencional resulta de um processo de discussão entre os pesquisadores e os demais participantes.

Na concepção da pesquisa-ação há um reconhecimento do papel ativo dos observadores na situação investigada e dos membros representativos desta situação. Logo, a questão da objetividade deve ser colocada em termos diferentes do padrão observacional da pesquisa empírica clássica, frequentemente influenciado pela filosofia positivista da ciência da natureza. Em todo caso, a questão da objetividade não desaparece. Para que uma ação seja realizável, não basta a vontade subjetiva de alguns indivíduos. A ação proposta tem de corresponder às exigências da situação. Tais exigências são conhecidas por meio da observação, da análise da situação e por meio de uma avaliação das possibilidades. A ação é baseada em descrição objetiva mas subjetivamente é assumida pelo conjunto dos participantes que se comprometem na sua efetiva realização.

A noção de objetividade estática é substituída pela noção de relatividade observacional segundo a qual a realidade não é fixa e o observador e seus instrumentos desempenham um papel ativo na captação da informação e nas decorrentes representações. Além disso, no contexto social, a relatividade remete à interação entre observadores e representantes da situação observada, levando em conta, inclusive, as diferenças de linguagem existentes entre as duas categorias consideradas.

A observação social adquire um aspecto de questionamento que, no caso da pesquisa-ação, não é monopolizado pelos pesquisadores, já que a função normal do pesquisador é fazer perguntas e recolher as respostas dos "investigados". No caso que nos interessa aqui, os membros representativos da situação-problema sob investigação nunca são considerados como meros informantes. Também desempenham uma função interrogativa, fazendo perguntas e procurando elucidar os assuntos coletivamente investigados.

As diferenças de linguagem remetem a desníveis de abstração no modo de comunicação dos pesquisadores e dos demais participantes. O controle da objetividade relativizada consiste num controle das distorções durante a fase da coleta de dados, baseado na análise da linguagem dos interlocutores. O controle ocorre também no diálogo, com o intuito de se chegar a uma suficiente compreensão e consenso acerca das interpretações do que está sendo observado ou transformado.

Uma das diferenças que existem entre a nossa perspectiva de pesquisa-ação e outras propostas de pesquisa-ação ou de pesquisa participante consiste no fato de que reconhecemos a necessidade de manter a pesquisa-ação no âmbito da pesquisa social de caráter científico e, logo, submetê-la a uma forma de controle metodológico-epistemológico.

No entanto, esse controle não é exercido com as regras da metodologia empirista convencionalmente aceita em muitas instituições de pesquisa. A metodologia não se limita à sua forma empiricista e quantitativista. Precisamos aplicar uma metodologia na qual, sem se negar a necessidade de observar, medir ou quantificar, haja espaço para os procedimentos de argumentação e interpretação, com base na discussão coletiva. Além do mais, podemos manter em uso a forma de raciocínio hipotético, mas de forma flexibilizada, não reduzida a uma noção de teste estatístico. A hipótese é norteadora da pesquisa; sob forma de diretriz, ela desempenha a função de orientar o questionamento e buscar as informações relevantes. Sua comprovação permanece aberta à argumentação e ao diálogo entre interlocutores, com cotejo dos diferentes saberes.

Embora a contribuição da pesquisa-ação seja, muitas vezes, de ordem prática, não é descartada a possibilidade de utilização do conhecimento teórico. A pesquisa é organizada dentro de um quadro teórico adotado pelos pesquisadores e aberto à discussão quando se trata de definir os objetivos, formular problemas e hipóteses, encaminhar explicações ou interpretações dos fatos observados. Os pesquisadores podem contribuir no plano teórico, a partir de sua experiência em várias pesquisas.

O reconhecimento da argumentação no processo de investigação não é tão extraordinário, porque a argumentação existe em diversas disciplinas tradicionais, nas quais é limitada ao encadeamento de argumentos ou de fórmulas no papel, por assim dizer. Na pesquisa-ação a argumentação é realizada "ao vivo", sob forma de discussões e deliberações entre diferentes interlocutores reunidos em seminários ou reuniões.

Sem um encaminhamento da proposta metodológica para um viés anticientífico, consideramos que o objetivo da disposição argumentativa consiste em restituir o caráter dialogado da situação social.

A nosso ver, não há contradição entre, de um lado, o fato de reafirmar as exigências do espírito científico e, por outro lado, o fato de reabilitar o papel da argumentação na investigação científica. O espírito científico não se limita à caricatura quantitativista que aparece no espetáculo da pesquisa convencional. Por sua vez, a argumentação não significa uma volta ao raciocínio pré-científico, nem uma ruptura com o racionalismo ou a aceitação de qualquer crença. É apenas uma reafirmação das dimensões discursiva e coletiva da elucidação e da interpretação das situações sociais. Razão científica e razão argumentativa não são excludentes e esta última não significa um "retrocesso" na evolução da cientificização da investigação social.

O fato de termos salientado o caráter argumentativo-deliberativo dos raciocínios operando na pesquisa-ação não significa que só esta orientação seja dotada desse caráter, pois argumentos e "negociações" existem em muitas práticas de pesquisa, inclusive nas ciências ditas exatas".

Os procedimentos argumentativos não excluem a necessidade de uma coleta de dados a mais exaustiva possível, inclusive sob forma quantificada, para se ter uma imagem da realidade na qual se desenrolam a pesquisa e a ação transformadora. Assim, os pesquisadores devem reunir todas as informações disponíveis sobre a população, os tipos de atividade, as faixas etárias, fontes de renda, moradia, nível educacional, cultura, hábitos de consumo, direitos adquiridos etc. Este tipo de levantamento é necessário. Porém, contrariamente à pesquisa descritiva comum, é apenas um dos pontos de partida para o trabalho de investigação e de ação e não um produto final a ser burocraticamente arquivado.

A perspectiva adotada não se limita a observar ou medir os aspectos aparentes de uma situação. Há um considerável interesse dos pesquisadores no que diz respeito à ação dos atores da situação. Com a participação dos mesmos, os pesquisadores elucidam as condições da ação. Seria paradoxal conceber uma investigação visando a transformação de uma situação dentro de um contexto no qual nada pudesse ser mudado, o que frequentemente acontece. Quando os atores não conseguem transformar o que pretendem, o objetivo da investigação é redefinido em função do estudo das condições deste fato. Quando a análise da situação mostra que uma ação inicialmente cogitada ou planejada é impossível, os pesquisadores reorientam o processo da investigação de modo a contornar o paradoxo junto aos demais participantes, por meio da elucidação do bloqueio.

A pesquisa-ação tem sido concebida principalmente como metodologia de articulação do conhecer e do agir (no sentido de ação social, ação comunicativa, ação pedagógica, ação militante etc.). De modo geral, o agir remete a uma transformação de conteúdo social, valorativamente orientada no contexto da sociedade. Paralelamente ao agir existe o fazer, que corresponde a uma ação transformadora de conteúdo técnico delimitado. Sem separarmos a técnica do seu conteúdo sociocultural, precisamos dar mais atenção ao fazer e ao saber fazer que, por enquanto, foram entregues aos "técnicos" e aos outros especialistas que compartilham de uma visão tecnicista das atividades humanas.

No plano da ação, o maior desafio talvez seja o de juntar as exigências da tomada de consciência (ou da conscientização, a um nível mais profundo) com as exigências científico-técnicas. As transformações intencionalmente definidas não se traduzem apenas ao nível das consciências individual ou coletiva. Há também aprendizagem de saber fazer e aquisição de novas habilidades.

Na pesquisa-ação, a tomada de consciência é importante no plano do agir, mas existem também outras preocupações ligadas à base material das atividades sociais e seus correspondentes modos de fazer e de saber fazer que são relacionados com técnicas produtivas em meio rural ou industrial, meios de comunicação, instituições e técnicas educacionais, "novas" tecnologias baseadas na informática etc.

Alguns partidários da pesquisa-ação poderão ver nessas preocupações um risco de utilização "tecnicista" ou até "tecnocratizante". Mas, na nossa opinião, o sentido da proposta é justamente o contrário. No equacionamento de problemas técnicos inseridos no contexto de atividades sociais, a pesquisa-ação oferece meios para romper o monopólio dos tecnocratas ao permitir uma participação ativa dos diferentes tipos de usuários, com exercício e aprimoramento de suas capacidades. O saber informal dos usuários não é desprezado e sim posto em relação com o saber formal dos especialistas no intuito de um enriquecimento mútuo. Isto constitui um importante desafio para o futuro em matéria de metodologia de pesquisa e de ação em diferentes áreas de atividade.

Um dos objetivos de conhecimento da pesquisa científica consiste em estabelecer generalizações a partir de observações delimitadas no tempo (o que foi constatado hoje ainda será constatável no futuro) e no espaço (o que foi constatado aqui, localmente, existe também globalmente na sociedade). Nas pesquisas orientadas em função de objetivos práticos, como no caso da pesquisa-ação, o objetivo principal nem sempre é a generalização, especialmente em pesquisas voltadas para a aplicação do conhecimento disponível para a resolução de problemas e para a organização de ações específicas.

Como vimos, é possível alcançar um certo nível de generalização a partir da experiência em várias pesquisas. Mas, quando o objetivo da pesquisa-ação consiste em resolver um problema prático e formular um plano de ação, a forma de raciocínio utilizada consiste em particularização e não em generalização. Nesse caso, é bastante inadequada a crítica segundo a qual a pesquisa-ação seria marcada por uma fraca capacidade, ou até uma impossibilidade de generalização. Com a particularização trata-se de passar do conhecimento geral aos conhecimentos concretos, sob forma de diretrizes e comprovações argumentadas. Essa passagem é progressivamente concretizada pela interação entre o saber formal dos pesquisadores e especialistas e o saber informal dos interessados. Contrariamente à concepção corrente da chamada "engenharia social", não é unilateral a aplicação do saber formal dos especialistas nem é aceita a sua pretensa superioridade. No dispositivo de pesquisa-ação com finalidade prática há interação entre os dois tipos de saber e aspectos de consciência. Numa concepção da pesquisa-ação voltada para a construção ou a reconstrução, na área educacional ou outra, o conhecimento disponível (e em parte gerado na ocasião da investigação) é aplicado a problemas ou ações particulares. O primeiro passo consiste numa particularização. Em seguida, a partir das dificuldades e soluções encontradas em várias situações, podemos imaginar um segundo passo no sentido de uma generalização.

Na nossa opinião, a aplicação particularizante do conhecimento disponível no momento da resolução de problemas não é vista no contexto da pesquisa-ação de modo formal, como no caso da "engenharia social", pois o que importa é o contexto social e a ação autônoma dos atores que é valorativamente orientada no sentido construtivo. Em situações marcadas por antagonismos profundos e manifestações de poder conservador ou repressivo, a ação construtiva é impossível. Nesse caso, a ação será orientada em função de objetivos limitados à busca de compreensão da situação e de denúncia.

Em termos de uma política de conhecimento, podemos considerar que, ao lado da urgência do desenvolvimento e da difusão de conhecimentos de ciências básicas, manifesta-se a necessidade de uma política especificamente voltada para o conhecimento intermediário. Entendemos por esta expressão o conhecimento de finalidade prática que opera em diversas áreas de atuação entre as quais destacamos a educação, a comunicação, o serviço social, a organização, o desenvolvimento rural, a difusão de tecnologia e as práticas políticas. Tratar-se-ia de fortalecer a produção e a divulgação de conhecimentos que, apesar de não serem muito valorizados no plano cultural-simbólico, são de grande utilidade na resolução de problemas do mundo real. Além disso, o que entendemos por conhecimento intermediário é diferente do simples bom senso. É um conhecimento que não se dá imediatamente na prática e é mister produzi-lo e adaptá-lo dentro de um processo participativo no qual estão envolvidos um grande número de pesquisadores (e outros profissionais) e os interlocutores representativos dos problemas a serem abordados. A resolução de problemas efetivos se encontra na coletividade e só pode ser levada adiante com a participação dos seus membros. Mesmo quando as "soluções" não forem imediatamente aplicáveis no sistema vigente, poderão ser aproveitadas como meio de sensibilização e de tomada de consciência. Nesta perspectiva, consideramos que a metodologia da pesquisa-ação constitui um modo de pesquisa, uma forma de raciocínio e um tipo de intervenção que são adequados para produzir e difundir conhecimentos intermediários relacionados com os problemas concretos encontrados nas várias áreas consideradas.

No entrosamento do conhecimento e da ação pretende-se reduzir ao mínimo a distância existente entre a obtenção de conhecimento e a formulação de planos de ação. Assim seria possível reduzir os usos simbólicos, frequentemente "parasitários" ou "ostentativos", que existem na esfera de conhecimento convencional. Trata-se de aumentar o uso efetivo do conhecimento na configuração de determinadas ações transformadoras.

Na definição de uma política de conhecimento mais abrangente, a metodologia da pesquisa-ação é apenas um item entre outros. Pois não devemos deixar a impressão de que tal orientação substitui as outras. Sempre serão necessárias pesquisas experimentais em laboratório, metodologias com ênfase na formalização, modelagem, quantificação e simulação. A pesquisa-ação é uma orientação destinada ao estudo e à intervenção em situações reais. Neste caso, ela se apresenta como alternativa a tipos de pesquisa convencional.

* * *

Sem pretendermos cobrir todos os problemas e todas as possibilidades contidas na concepção da pesquisa-ação, enfatizamos aspectos metodológicos relativamente abstratos, como as formas de raciocínio, e bastante concretos, como o roteiro da organização de pesquisa.

Ainda faltam muitos aspectos para podermos alcançar uma visão completa do processo de investigação e ação. Por opção, não discutimos o conteúdo substantivo dos quadros teóricos e nem aprofundamos as questões relativas ao quadro institucional, à inserção dos pesquisadores, às negociações em matéria de demanda dos interessados e de uso dos resultados.

No entanto, acreditamos ter percorrido alguns passos no caminho da elaboração da metodologia da pesquisa-ação, evitando "palavrismo", "participacionismo", "ativismo", "populismo", "tecnicismo" e outros exageros frequentemente cometidos. Pensamos que tais passos podem contribuir para renovar a metodologia da pesquisa social, promover aplicações criativas em várias áreas específicas e ensejar a geração e a difusão de conhecimentos úteis à resolução de problemas do mundo real.

POSFÁCIO À 14ª EDIÇÃO

Na ocasião da publicação da 14ª edição deste livro, pareceu necessário acrescentar um posfácio para atualizar a apresentação da metodologia de pesquisa-ação, sabendo que a 1ª edição data de 1985. Durante os últimos vinte anos, milhares de estudantes, pesquisadores, educadores, responsáveis de projetos, consultores, militantes e outros interessados tiveram oportunidade de ler e, às vezes, de aplicar a metodologia de pesquisa-ação. Adaptando-se às exigências de compromisso social e de rigor científico, e sendo dinâmica por natureza, tal metodologia não se resume em regras e procedimentos imutáveis.

Ao longo desses anos, muitos acontecimentos sociais, políticos, intelectuais modificaram bastante as modalidades de conhecer, de pesquisar e agir no seio das instituições ou dos movimentos da sociedade, tanto no Brasil como no mundo. Questões relativas ao pensamento crítico, à contestação de fora ou à participação de dentro das esferas de poder não se apresentam em 2005 da mesma maneira que em 1985. Na década de 1980, a metodologia de pesquisa participante e de pesquisa-ação estava associada à democratização e à busca de maior liberdade após décadas de autoritarismo. Havia uma dimensão potencialmente militante na vontade de conduzir projetos que pudessem avançar naquela direção. A partir dos anos 90, com o recuo do socialismo e o avanço do capitalismo em escala global, manifesta-se uma nova situação de crise social, com agravamento do desemprego, da desigualdade e da precarização da vida. Diante de tal crise, o Estado, os atores políticos, os sindicatos, os representantes do setor privado e as entidades da sociedade civil hoje desempenham papéis diferentes. Na perspectiva neoliberal de reduzir o papel do Estado na sociedade, várias atividades educacionais, sociais e ambientais são deixadas ao setor privado ou conduzidas sob a responsabilidade de ONGs. A militância não se exerce mais nos moldes dos anos 60/80. Os sindicatos perderam parte de seu espaço reivindicatório. A responsabilidade social abrange um maior leque de atores e interessados, inclusive no mundo empresarial. Por sua vez, as universidades são incitadas, por meio de diversas medidas compensatórias, a uma maior abertura para reduzir a exclusão social reproduzida pelo sistema de ensino. Em suma, o quadro de atuação social mudou muito nos últimos anos. A evolução da tecnologia da informação também representa uma mudança importante. Em 1985, ninguém imaginava poder dispor instantaneamente de informações do mundo inteiro e estabelecer redes complexas com muitos parceiros e atores, inclusive com finalidade social. Participação e cooperação são requeridas para coordenar a construção de conhecimentos sintonizada com uma efetiva atuação social. O conjunto dessas mudanças constitui o pano de fundo a partir do qual dá-se uma nova atualidade às propostas de metodologia participativa e de pesquisa-ação que se concretizam em projetos de ensino, formação permanente, extensão, pesquisa, planejamento, avaliação, nas mais diversas áreas de conhecimento.

Neste posfácio, destacamos alguns temas que não eram suficientemente abordados nas edições anteriores e que evoluíram bastante nos últimos anos. Assim, serão reconsiderados aspectos das modalidades de pesquisa-ação e de metodologia participativa, a ampliação e diferenciação das áreas de aplicação, mostrando que existem novas áreas de interesse social e de conteúdo técnico. É apresentado o tema da inserção da pesquisa-ação no ensino, na pesquisa acadêmica de alto nível e em projetos de extensão universitária. Depois, são abordadas as difíceis questões relativas ao modo de lidar com as diferenças culturais, os relacionamentos interculturais e a significação da mudança e das transformações propostas. Também são levantadas questões de ética na pesquisa e de envolvimento ou engajamento dos pesquisadores em projetos de pesquisa-ação. Finalmente, são sugeridas algumas indicações bibliográficas para atualizar o estudo da referida metodologia.

Pesquisa-ação e metodologia participativa

Paralelamente à pesquisa-ação, cuja finalidade consiste na pesquisa, com obtenção de informação sobre um determinado problema e envolvimento dos atores, desenvolvem-se vários outros métodos participativos destinados a resolver problemas práticos (gestão, planejamento, monitoramento, avaliação, moderação de grupos etc.). Às vezes, tais métodos são globalmente designados como "metodologia participativa" (Brose, 2001). Sua característica participativa reside no fato de serem aplicados coletivamente com diversos graus de participação dos interessados. Pode-se considerar que a diferença existente entre a pesquisa-ação e a metodologia participativa assim concebida consiste no fato de que a primeira é essencialmente voltada para a pesquisa orientada em função de objetivos e condições de ação, ao passo que o conjunto dos instrumentos participativos possui finalidades distintas e variadas. Facilitam o relacionamento entre especialistas, usuários ou atores, sem terem a pretensão de produzir conhecimentos novos.

Sem dúvida, existem diferenças entre vários tipos de propostas metodológicas que se vinculam à participação e, até, divergências quanto ao grau de efetiva participação requerido. Todavia, podemos considerar que as convergências sejam mais importantes e que a pesquisa-ação possa ser considerada antes como estratégia de conhecimento ancorada na ação de que como simples ferramenta dentre outras.

No Brasil e na América Latina, existe uma longa tradição de pesquisa participante que às vezes converge, às vezes diverge, com relação à pesquisa-ação. Hoje, podemos considerar que, além de possíveis diferenças em função dos contextos, dos atores e objetivos, pesquisa-ação e pesquisa participante tendem a fusionar em uma alternativa às práticas metodológicas das ciências sociais convencionais, principalmente influenciadas por formas tardias de positivismo (Ver o estado da arte da pesquisa participante em Danilo Streck, 2005).

No plano internacional, as fortes divergências das décadas de 1970 e 1980 parecem estar superadas. A aproximação, ou até a fusão, pode ser observada entre os partidários da PAR — *Participatory Action Research* (McTaggart, 1997). Foram realizados importantes esforços de sistematização da pesquisa-ação, por parte de autores como Orlando Fals Borda e Mohammad Anisur Rahman (1991), Reason e Bradbury (2001), Barbier (2002), Mesnier e Missotte (2003).

A relação entre pesquisa e ação estabelece uma forma de compromisso que alcança uma dimensão comunicativa, social, política, cultural, ética, às vezes, estética, e que promove o retorno da informação aos interessados e capacitação coletiva. Vale salientar que a pesquisa-ação não se limita a uma relação pesquisador/pesquisado. Trata-se de considerar o conjunto dos atores direta ou indiretamente implicados na situação ou no problema sob observação e para o qual pretende-se elaborar soluções coletivas, ou construir significados a partir dos fatos investigados, das ações e do contexto. Nesse sentido, o trabalho em parceria adquire maior relevância dentro de projetos de pesquisa-ação. Este tema é abordado por El Andaloussi (2004) e por Gadoua, Morin e Potvin (2007). Além disso, com o aumento do grau de interação entre atores e de complexidade do entorno, a abordagem sistêmica ganha espaço oferecendo subsídios para novos padrões de metodologia de pesquisa-ação (Morin, 2004).

Ampliação e diferenciação das áreas de aplicação

Nos últimos tempos, é possível observar uma renovação da pesquisa--ação, que abrange uma maior variedade de áreas que no passado e que se desenvolve, inclusive, em áreas técnicas. No contexto universitário, a pesquisa-ação e outros métodos participativos ganharam espaço em várias áreas de conhecimento: administração, organização (Liu, 1996;Thiollent, 1997), ergonomia (Teles, 2000), engenharia e arquitetura (Shimbo, 2004). Iniciativas centradas na busca de solidariedade também estão contribuindo para a divulgação de métodos participativos, inclusive no domínio do desenvolvimento social, desenvolvimento local, tecnologias apropriadas, cooperativismo etc.

Como praticar a pesquisa-ação em áreas que envolvem fatos e questões relacionadas com ciências da natureza, engenharia, biologia etc.? Mesmo sem saber muito bem em que consiste a pesquisa-ação, certos profissionais da área tecnológica costumam reagir negativamente *a priori*: o que a pesquisa-ação tem a ver com moléculas ou circuitos elétricos? Há nisso um problema de falta de compreensão. De fato, a pesquisa-ação não pode, por si só, revolver questões específicas das realidades naturais ou artificiais. Entretanto, a perspectiva é diferente quando se considera que as construções científicas ou tecnológicas são de natureza social, por intermédio de grupos de pessoas (pesquisadores e técnicos) inseridos em instituições que respondem a diversas demandas e interesses de certos grupos sociais e aos requisitos sociais e políticos do funcionamento do sistema vigente. As atividades do cientista ou do engenheiro podem ser acompanhadas pela pesquisa-ação, justamente nas relações que se estabelecem entre reflexão e ação dentro dos múltiplos processos sociais de identificação e resolução de problemas técnicos.

Além disso, nas atividades científicas e técnicas, a utilidade da pesquisa-ação é mais evidente quando se trata de lidar com artefatos com os quais as pessoas interagem, por exemplo, na ocasião da elaboração de uma interface homem/máquina. De fato, no plano internacional, já existe longa tradição de pesquisa-ação na área dos sistemas sociotécnicos (Liu, 1996), ou em matéria de interface homem/computador e para conceber sistemas de informação. Além do mais, os dispositivos da pesquisa-ação permitem aos pesquisadores a inclusão dos usuários dentro do processo de concepção, de desenvolvimento ou de implementação. Isso pode ocorrer facilmente em pesquisa ergonômica, em pesquisa sobre sistemas agrários (Albaladejo e Casabianca, 1997), em engenharia de produção, em tecnologia da informação etc.

Em áreas da medicina, a pesquisa é também amplamente utilizada quando é privilegiado o trato com pessoas (medicina de família, medicina coletiva, medicina preventiva, medicina do trabalho, promoção à saúde, e outros tipos de medicina que se dedicam ao relacionamento dos pacientes com o meio social, inclusive em matéria de saúde mental). Nesse contexto, os médicos e outros profissionais da saúde, em particular os da enfermagem, podem colaborar em equipes de pesquisa-ação e combinar conhecimentos técnicos de suas respectivas áreas e conhecimentos psicossociais ou comunicacionais relacionados com os meios sociais em que atuam.

A pesquisa-ação não se limita mais às tradicionais áreas sociais e educacionais de aplicação. Encontram-se cada vez mais adeptos da pesquisa-ação e pesquisa participante em áreas técnicas de saúde coletiva, de estudos de trabalho industrial, e em diversas engenharias, em particular aquelas nas quais a intervenção humana ocupa um lugar central (produção, sociotécnica, sistemas agrários, projetos cooperativos etc.).

Com propósito de criar atividades socioeconômicas destinadas às camadas mais pobres da população, o empreendedorismo social e os projetos solidários estão sendo desenvolvidos em função de diversas concepções mais abrangentes: economia social, economia solidária, cooperativismo etc., vistas como possíveis alternativas à economia liberal prevalecente.

Em alguns casos propõe-se a criação de cooperativas ou de associações; em outras, diversos tipos de atividade com ajuda mútua entre pessoas das comunidades ou com a participação em redes de trocas ou, ainda, com acesso a redes de distribuição alternativas ao mercado. De modo complementar à sobrevivência econômica dos grupos, os projetos solidários adquirem uma dimensão social e cultural, incluindo aspectos éticos, estéticos e, às vezes, religiosos. Conforme a dimensão coletiva, interativa e solidária desses projetos, parece óbvio que os métodos de diagnóstico, pesquisa, planejamento, monitoramento e avaliação necessários tenham uma dimensão participativa. Assim, a pesquisa-ação e a metodologia participativa encontram nessa área um amplo leque de aplicações.

A pesquisa-ação no ensino, na pesquisa e na extensão universitária

Em educação, em qualquer nível, da alfabetização à pós-graduação, a pesquisa-ação sempre ocupou um lugar importante tanto para pesquisar e agir sobre os processos educacionais, quanto para conceber programas de ensino implicando os alunos pedagogicamente em investigações sobre problemas de seu entorno, a partir dos quais podem construir conhecimentos. Em particular na Inglaterra e na Austrália, existem importantes autores, grupos de pesquisa e instituições que se dedicam à pesquisa-ação educacional (McTaggart, 1997).

No Brasil e na América Latina, a pesquisa-ação educacional se concentrou principalmente na educação de adultos e na educação ambiental. Junto à pesquisa participante, serve também de base de reflexão para a educação popular.

Para aumentar a bibliografia disponível sobre a pesquisa-ação na educação, temos traduzido e publicado livros de Khalid El Andaloussi (2004) e de André Morin (2004) que oferecem uma rica sistematização da metodologia de pesquisa-ação em contexto educacional, com base em experiências no Marrocos e no Quebec, respectivamente.

Além do ensino, a pesquisa-ação também é objeto de discussão no contexto da pesquisa acadêmica. Será que a pesquisa-ação se restringe a áreas de atuação social, comunitária, popular? Será que tem também espaço no ambiente acadêmico, nas instituições científicas e tecnológicas, nos canais de publicação valorizados? A recente evolução mostra que a metodologia de pesquisa-ação não se limita ao ensino, à educação popular e a outros contextos semelhantes. De fato, encontram-se dissertações de mestrado, teses de doutorado, publicações de alto nível, em várias áreas de conhecimento científico e tecnológico, que adotam princípios de pesquisa-ação, às vezes de modo parcial.

A pesquisa-ação requer um aspecto coletivo, uma interação entre atores e, por isso, nem sempre é de fácil aplicação para a realização de uma tese acadêmica, em geral concebida como exercício solitário. No entanto, é possível vincular a pesquisa de teses a projetos mais amplos, com parceria de atores entre os quais é possível estabelecer um entendimento sobre a delimitação e as modalidades de trabalho científico associado à ação, dentro de um quadro ético definido.

A aceitação da pesquisa-ação tende a crescer em certas áreas científicas e tecnológicas valorizadas (sistemas de informação, pesquisa sociotécnica, abordagem sistêmica), em particular em perspectiva epistemológica associada a certas formas de construtivismo, ou ao *construcionismo social*.

Em matéria de publicação de alto nível, uma rápida consulta aos catálogos de livrarias eletrônicas indica a existência de várias centenas de livros sobre pesquisa-ação em língua inglesa, e de algumas dezenas em francês e espanhol. Nos acervos de artigos publicados em revistas indexadas, existem milhares de referências sobre a pesquisa-ação, por exemplo, nas revistas catalogadas na base de dados ERIC da Silver Platter (El Andaloussi, 2004) e também no sistema ISI da firma norte-americana

Thompson, que é considerado base de referência para a avaliação acadêmica, inclusive no Brasil. Em geral, esses sistemas de indexação privilegiam as revistas científicas de tradição positivista ou convencional. Neles, o espaço ocupado pela pesquisa-ação, vinculada à busca de novos paradigmas, é relativamente reduzido. No entanto, é fácil encontrar muitas referências.

Trabalhar na perspectiva da pesquisa-ação não significa necessariamente que a pesquisa seja avaliada como sendo de segunda categoria, dentro dos padrões de produção científica vigentes. O desafio consiste em divulgar um maior número de artigos sobre a pesquisa-ação nos setores mais valorizados das revistas indexadas. Com isso, será possível superar os preconceitos ideológicos com os quais certos avaliadores pretendem desqualificar a pesquisa-ação.

Além de sua frequente aplicação em atividades de ensino-aprendizagem ou em projetos de pesquisa geradora de publicações científicas, a metodologia pesquisa-ação encontra ricas possibilidades nas atividades de extensão universitária. Quando o papel da extensão universitária for redefinido de modo a desenvolver conhecimentos e formas de interação com o conjunto dos atores da sociedade, com formas democráticas de atuação, a pesquisa-ação encontrará um espaço mais favorável.

De fato, ao longo dos últimos anos, nas atividades de extensão, as universidades públicas têm atuado nesse sentido. O projeto Universidade Cidadã e o Plano Nacional de Extensão, promovido pelo Fórum Nacional dos Pró-Reitores de Extensão das Universidades Públicas Brasileiras, redefinem o papel da extensão universitária em todos os setores de atividades (direitos humanos, meio ambiente, saúde coletiva, cultura popular etc.) e, nesse contexto, ampliou-se o espaço para as metodologias participativas e, sem dúvida, para a pesquisa-ação enquanto uma de suas variantes (Thiollent *et al.*, 2003).

Embora já antiga, uma ideia fundamental precisa ser reafirmada: a extensão não é transferência ou simples "transplante" de conhecimento; ela é, antes de tudo, criação e compartilhamento (vide Sempe, 2005).

Conforme a perspectiva aqui adotada, nos projetos de extensão, sempre é necessário promover a dialogicidade. Não se trata de impor uma temática aos supostos interessados. A dialogicidade é uma preocupação em torno da comunicação de mão dupla que se estabelece entre diversos grupos implicados no processo de extensão. Antes de querer explicar trazendo novos conhecimentos, é bom que os extensionistas saibam entender os problemas de seus interlocutores. Os partidários do diálogo devem ficar atentos para que este não vire monólogo, preocupação constante na obra de Paulo Freire.

A metodologia participativa e a pesquisa-ação são recomendadas para dinamizar a extensão universitária. A mensagem não é nova, mas não é dogma, trata-se apenas de uma atitude favorável à construção e à difusão de conhecimentos no trabalho universitário, como modo de conceber a aprendizagem e a participação da universidade na resolução dos problemas do meio circundante.

A proposta de metodologia participativa/pesquisa-ação permite resgatar as ideias de grupos populares, com diálogo e aproximação crítica. Há também um efeito de aprendizagem e um trabalho de reformulação dessas ideias para torná-las úteis nas atividades dos grupos envolvidos no processo de extensão. Em outros termos, trata-se de transformar as ideias em ações.

Diferenças culturais e relacionamento intercultural

O estudo da metodologia de pesquisa-ação leva a uma problematização das condições de ação de determinados atores. Considera-se que, em função de sua identidade cultural e visões de mundo, esses atores podem identificar os problemas e buscar soluções criativas. Os pesquisadores auxiliam a conduta do processo, avaliam os efeitos da ação experimentada e aprendem com o conjunto das atividades desencadeadas pelo projeto.

Em muitos projetos de pesquisa, os pesquisadores precisam lidar com diferenças culturais existentes entre eles e os membros da situação observada e, eventualmente, entre vários subgrupos desses membros. Por exemplo, diferenças entre pesquisadores de classe média e moradores de bairros pobres, e diferenças entre moradores ricos e pobres. Quando estão envolvidas populações diferenciadas no plano étnico, as diferenças culturais são ainda mais acentuadas e exigem muito cuidado durante a concepção e execução do projeto. Esse cuidado tem sido considerado como preocupação central em pesquisa antropológica, mas deveria existir de alguma forma em qualquer área de conhecimento.

O problema corrente em projetos com base intercultural é a inadequada posição dos pesquisadores que, por diversos motivos, acabam reproduzindo algum tipo de etnocentrismo, impondo determinadas problemáticas sociais a populações ou grupos que dispõem de outros referenciais culturais. Os pesquisadores não devem pressupor que suas categorias de análise são válidas em qualquer situação ou época, ou que os tipos de relacionamento que adotam são de valor universal. As próprias noçoes de participação ou de democracia não têm o mesmo significado em qualquer lugar e para todos os grupos sociais possíveis. Os critérios de racionalidade em um processo de tomada de decisão não são os mesmos em firmas capitalistas e em atividades populares. Também são diferentes os critérios de decisão de um órgão público e os de uma comunidade indígena.

Nos projetos de pesquisa-ação, é frequente que interajam grupos sociais ou culturalmente diferentes. Os atores ou seus representantes envolvidos no processo de pesquisa e, em particular, no momento da interpretação dos resultados e da definição das possibilidades de ação, podem encontrar mal-entendidos ou até manifestar atitudes de conflito. Na atividade presencial desses grupos, é importante observar os aspectos simbólicos da linguagem e dos comportamentos e, se possível, mapear os conhecimentos, verbalizar as percepções dos problemas sob investigação e outros aspectos cognitivos próprios aos atores. Além disso, no plano valorativo, também devem ser evidenciados critérios, normas e valores que os diferentes atores aceitam, respeitam, rejeitam ou adaptam.

Mesmo nas pesquisas de natureza aparentemente mais operacional ou técnica, existe o problema das diferenças e do relacionamento intercultural. Basta lembrar as dificuldades encontradas por agrônomos em suas relações com pequenos produtores, ou entre qualquer engenheiro e os usuários de equipamentos ou de interfaces por ele projetados.

Para avançar na solução prática desse tipo de problema, uma proposta consiste em trabalhar preferencialmente com profissionais já sensibilizados com os aspectos culturais de seus ofícios. Seria de pouca valia a contribuição do técnico de mentalidade "quadrada", querendo impor sua visão *a priori* racional, tecnicista e supostamente superior à dos demais atores. Pior, boa parte do problema sob investigação seria agravada por esse tipo de atitude. Em outros termos, precisamos de profissionais "críticos" e "reflexivos".

Um outro aspecto da metodologia participativa e da pesquisa-ação consiste em fazer um tipo de mapeamento cognitivo dos problemas encontrados na situação investigada, por meio de trabalho coletivo (reuniões de grupos, oficinas, seminários, fóruns etc.). Esse mapeamento deveria abranger tanto as representações dos não especialistas (membros da situação), quanto as dos especialistas e pesquisadores. É importante mostrar a todos como cada um dos grupos representa os problemas, por exemplo, quanto à adoção de uma determinada técnica de plantio no meio de produtores rurais. Entre os diferentes grupos, nem sempre as representações coincidem. Alguns aspectos enfatizados por uns podem estar ausentes na representação dos outros. Mesmo se não houver possibilidade de completa identidade, deve-se procurar saber, pelo menos, quais são as zonas de possível entendimento. Paralelamente, devem ser evidenciadas as áreas de desentendimento, e sua subjacente lógica argumentativa. Com isso, sem condição *a priori* quanto à questão de saber quem está certo ou errado, podem ser comparados os pontos de vista e as representações de cada grupo. Às vezes, o diálogo é difícil: um grupo não percebe ou não tem acesso ao conhecimento de certos aspectos levantados por um outro grupo. O objetivo é caminhar em direção ao consenso, ou, pelo menos, à constatação dos pontos de compatibilidade ou de incompatibilidade. As soluções imaginadas pelos não especialistas são, muitas vezes, mais apropriadas ao contexto que as soluções dos especialistas externos. Os profissionais têm de aceitar questionamentos e sugestões, e isso exige, de sua parte, modéstia e capacidade reflexiva. Por outro lado, devemos descobrir sem preconceito como o ator pode aceitar algum aspecto da representação, da explicação ou da solução proposta pelo profissional. Tal questão deve ser colocada e resolvida na prática. O ponto de partida apropriado está no reconhecimento dos dois universos (o dos especialistas e dos não especialistas), com base em mapeamento, e na elucidação dos encaminhamentos a serem dados pelos interlocutores de modo conjunto. Sobre a questão do consenso e da busca de uma linguagem comum, ver Morin (2004).

Significado da mudança e das transformações propostas

Além da questão da participação, a percepção cultural do significado da mudança proposta constitui um problema às vezes delicado. Os pesquisadores não podem pressupor uma mudança sem a boa vontade ou o consentimento dos interessados. O ideal é quando a mudança é concebida e conscientemente praticada pelos grupos interessados. No plano ético, não é mais possível impor mudanças modernizadoras que não fazem sentido na cultura de determinados grupos sociais. Contrariamente ao que se praticava correntemente nos anos 60/70, o moderno não deve ser imposto sem o consentimento dos grupos. A resistência à modernidade ocidental ou à globalização, em nome das tradições e culturas locais, muitas vezes revelou-se uma atitude cautelosa e pôde corresponder à preservação da identidade cultural dos grupos. Na atual visão pós-moderna, as soluções industrialistas ou desenvolvimentistas dos anos 60/70 aparecem como mitos que se revelaram inoperantes (cresceu a pobreza) e até destruidores de identidades culturais, além de prejudiciais ao meio ambiente. Proposto ou imposto em nome da globalização, o atual programa de modernização econômico-social e educacional leva aos mesmos resultados (Zaoual, 2003).

O projeto de pesquisa-ação não impõe uma ação transformadora aos grupos de modo predefinido. A ação ocorre somente se for do interesse dos grupos e concretamente elaborada e praticada por eles. O papel dos pesquisadores é modesto: apenas acompanhar, estimular, catalisar certos aspectos da mudança decidida pelos grupos interessados. Se esses grupos não estivessem em condição de desencadear as ações, os pesquisadores não poderiam se substituir a eles, só procurariam entender por que motivos tal situação ocorre, com quais possíveis desdobramentos. De modo geral, deve-se abandonar a ideia de mudar os comportamentos dos outros. São os próprios atores que podem decidir se querem ou não mudar. No plano ético, é permitido ao pesquisador-ator auxiliar ou facilitar uma mudança somente se houver consentimento dos atores diretamente implicados.

Questões éticas

A ética da pesquisa-ação passa pela consideração das relações de poder entre os grupos implicados no processo de pesquisa e nos processos simultâneos ou posteriores ao projeto. De modo geral, a restituição e o compartilhamento de informações geradas pela realização do projeto levam a certas formas de empoderamento (ou autonomização) dos grupos, que em situação de pesquisa convencional teriam ficado em posição de objeto, ou de grupos subalternos.

A pesquisa-ação é válida quando a ética dos atores, dos conhecimentos e das ações em questão está acima de qualquer suspeita no plano da ética profissional e da moralidade mais ampla. A crítica pode ser publicamente exercida para desestimular indevidos jogos de poder e aproveitamento tendencioso de resultados. Uma comissão de ética deveria acompanhar os projetos de pesquisa-ação e salvaguardar a responsabilidade dos proponentes e participantes em termos de conhecimento e de conduta política.

Em termos de estrita metodologia, pode-se considerar que a pesquisa-ação seja aplicável na busca de solução aos problemas encontráveis em vários grupos sociais, ricos ou pobres. No entanto, considerando as desigualdades de acesso ao conhecimento técnico-científico, é legítimo atribuir prioridades de caráter social ao uso da pesquisa-ação no contexto de grupos desfavorecidos, em particular no caso de iniciativas sociais e solidárias.

Em particular na perspectiva da solidariedade, as ações transformadoras, pesquisadas ou planejadas nos projetos de pesquisa-ação, devem ser objeto de controle ético por membros internos e externos às equipes. Além disso, são também objetos de avaliação concreta, evitando efeitos de generalização ou de mistificação dos resultados alcançados.

Um bom projeto deve propiciar qualidade do conhecimento, efetividade das ações promovidas, fortalecimento ou autonomização dos beneficiários dos projetos, sem que se criem falsas expectativas.

Contra as eventuais práticas pouco escrupulosas de certas entidades (privadas, públicas ou do terceiro setor) interessadas em pesquisa participante ou em pesquisa-ação, os pesquisadores que entendem manter um alto padrão de ética devem redobrar a vigilância. Particularmente, devem prestar atenção à possível manipulação de populações pobres que, às vezes, são utilizadas como base de apoio para alavancar recursos ou ganhos de poder, por parte de grupos ou entidades cujos interesses acabam se distanciando daqueles que pretendem defender. Os pesquisadores críticos não devem hesitar em denunciar publicamente tais práticas desqualificantes e em deixar de participar dos projetos em que houver suspeição. Vide crítica da manipulação operada em certos projetos de desenvolvimento participativo, em Panhuys (no prelo).

Questão de engajamento

Na discussão da pesquisa-ação, muitas vezes, aparece a questão do militantismo. Na década de 1950, a pesquisa-ação, principalmente a de tipo lewiniano, era vista como uma metodologia de pesquisa aplicada favorecendo mudanças nas populações, principalmente de modo adaptativo, mas sem aspecto militante. A dimensão militante surgiu sobretudo a partir dos anos 60 em contexto de radicalização das ciências sociais e da participação de estudantes e intelectuais em lutas de diferentes tipos (anti-imperialismo, novos movimentos populares, ambientalismo, feminismo, altermundialismo, mais recentemente). Do ponto de vista acadêmico, era sem dúvida difícil conciliar a dimensão militante com a pretensão científica das pesquisas. Isso foi objeto de inúmeros debates. Graves excessos ideológicos foram cometidos por parte de diversos grupos. De qualquer modo, a experiência serviu para a formação de uma nova sensibilidade e de uma nova visão da pesquisa em várias áreas (educação, comunicação, minorias, saúde alternativa, ecologia, vida cotidiana etc.).

Pesquisa-ação e pesquisa participativa abriram os horizontes de muitos estudantes que descobriram como aprender com grupos populares urbanos ou rurais. Entretanto, do ponto de vista das instituições científicas, essas propostas de pesquisa eram vistas como marginais e sem alcance científico.

Por outro lado, os movimentos políticos e sindicais nem sempre se mostraram interessados na pesquisa-ação. Para eles, os dogmas são geralmente mais importantes que as pesquisas empíricas, e, além disso, os dirigentes de organizações que tendem a se burocratizar não percebem a necessidade de uma intensa participação e da discussão entre os membros da base, tais processos podendo chegar a minar sua própria autoridade.

Esses diferentes aspectos dificultaram o crescimento da pesquisa-ação tanto em meios acadêmicos quanto nos movimentos sociais. Todavia, sobretudo a partir do ano 2000, com o desenvolvimento de atividades de entidades da sociedade civil, e com o redirecionamento das atividades de extensão universitária, as metodologias participativas ampliaram sua audiência.

No contexto universitário atual, o engajamento (ou comprometimento) das pessoas interessadas em pesquisa-ação não se limita ao tipo político-partidário. Redescobre-se a significação do engajamento individual e coletivo, em amplo sentido social, humano, às vezes, com sentimento religioso ou filosófico, com referência ao humanismo, ao existencialismo ou a certas formas de socialismo. A ideia de pesquisa-ação não pertence a uma única escola de pensamento, pode se desenvolver dentro de perspectivas diferenciadas e convergentes.

No atual contexto, quando se diz que a pesquisa-ação não está envolvida em uma prática militante e que ela adquire um uso mais profissional, isso não significa que os militantes de hoje não possam usar tal método ou adotar uma perspectiva de trabalho participativo. Para fins militantes, em função de uma causa legítima, os militantes podem fazer uso de diversos métodos. Podem usar métodos quantitativos para denunciar, por exemplo, certos mecanismos de extorsão econômica relacionados com a globalização. Podem usar métodos qualitativos e participativos para interagir de modo mais adequado com os grupos implicados nas transformações que pretendem promover. Ter uma atitude militante não significa necessariamente ignorar as exigências científicas de uma investigação ou os critérios de racionalidade de um planejamento ou de uma tomada de decisão.

As formas de engajamento mudam: diz-se que, atualmente, existe uma crise de participação voluntária ou de mobilização. Não é mais possível convocar assembleias gerais como no passado, ninguém comparece. Nos novos movimentos sociais, as mobilizações têm um caráter episódico, em função dos acontecimentos. O engajamento é menos presencial que no passado e mais mediatizado pelos meios de comunicação, pelas redes informais e os contatos virtuais.

Seja como for, nada impede que os militantes de hoje, com visão aberta, em particular no tocante a questões étnicas, ecológicas, culturais, possam fazer bom proveito da metodologia participativa e da pesquisa-ação, inclusive para evitar que eles se tornem os burocratas de amanhã.

Conclusão

Apesar de alguns obstáculos de origem ideológica, a metodologia participativa e a pesquisa-ação encontram novos desafios e ampliam seu leque de aplicações neste início de novo século, tanto em contexto universitário (em particular em projetos de extensão) quanto no contexto social, com a participação de diversas entidades. A realização de projetos em parceria, com interlocutores diferenciados nos planos técnico-científico e institucional, contribui para a legitimação prática de projetos participativos, promovendo efeitos de sinergia. Decorrente da diversificação das áreas de conhecimento e de atuação, ocorre uma ampliação dos públicos reais e potenciais da metodologia participativa e da pesquisa-ação.

Problemáticas de desenvolvimento local, empreendedorismo social, preservação ambiental, ações comunitárias, educação em contextos abertos facilitam também o uso de métodos e procedimentos que se aproximam da pesquisa-ação e da metodologia participativa. No planejamento de instituições e ou de atividades complexas, a ênfase na participação dos interessados diretos, condição de democracia, constitui um fator favorável à divulgação de vários tipos de métodos participativos adaptados para a formulação coletiva de objetivos específicos de planejamento.

Esta rápida tentativa de atualização, sem dúvida, está longe de esgotar o assunto e não permite mencionar todas as questões, tendências e novidades que surgiram em torno da metodologia participativa e da pesquisa-ação. Nos últimos anos, a bibliografia especializada tem crescido consideravelmente, principalmente em língua inglesa. Sem pretensão à exaustividade, indicamos a seguir algumas referências de obras bastante recentes, vindas de diferentes horizontes e, em sua maioria, de fácil acesso. No intuito de contribuir para a atualização da pesquisa-ação, traduzimos obras de vários autores francófonos, que vêm enriquecendo o repertório e a base de interlocução metodológica. Recentemente, resgatamos a concepçao de Henri Desroche (1914-1994) que é de fundamental importância para a compreensão da metodologia de pesquisa-ação e sua relação com a problemática do cooperativismo (Thiollent, 2006).

Indicações bibliográficas

ALBALADEJO, C.; CASABIANCA, F. *La recherche-action*. Ambitions, pratiques, débats. Études et Recherches sur les Systèmes Agraires et le Développement. Paris: INRA, 1997.

ARDOINO, Jacques; CÓRDOVA, Rogério de Andrade (org.). *Para uma pedagogia socialista*. Brasília: Plano, 2003. 132 p.

BARBIER, René. *A pesquisa-ação*. Brasília: Plano Editora, 2002. 156 p.

BRANDÃO, Carlos Rodrigues; STRECK, Danilo (org.). *Pesquisa participante; o saber da partilha*. Aparecida: Ideias e Letras, 2006.

BROSE, Markus. *Metodologia participativa*. Uma introdução a 29 ferramentas. Porto Alegre: Tomo Editorial, 2001.

DIONNE, Hugues. *A pesquisa-ação para o desenvolvimento local*. Trad. de Michel Thiollent. Brasília: Líber Livro Editora, 2007. 120 p.

EL ANDALOUSSI, Khalid. *Pesquisas-ações*: ciência, desenvolvimento, democracia. Trad. de M. Thiollent. São Carlos: EdUFSCar, 2004.

FALS BORDA, Orlando; RAHMAN, Mohammad Anisur (eds.). *Action and Knowledge*. Breaking the monopoly with participatory action-research. New York: Apex Press; London: Intermediate Technology Publications, 1991.

GIORDANO, Yvonne. *Conduire um projet de recherche*. Une perspective qualitative. Colombelles: Éditions EMS — Management et Société, 2003.

LIU, Michel. *Fondements et pratiques de la recherche-action*. Paris: L'Harmattan, 1996. 351 p.

McTAGGART, Robin (ed.). *Participatory Action Research*. International Context and Consequences. Albany-NY: State University of New York Press, 1997.

MESNIER, Pierre-Marie; MISSOTTE, Philippe (sous la dir.). *La recherche-action*. Une autre manière de chercher, se former, transformer. Paris: L'Harmattan, 2003.

MORIN, André. *Pesquisa-ação integral e sistêmica*. Uma antropopedagogia renovada. Trad. de M. Thiollent. Rio de Janeiro: DP&A, 2004.

MORIN, André; GADOUA, Gilles; POTVIN, Gérard. *Saber, ciência, ação*. Trad. de Michel Thiollent. São Paulo: Cortez Editora, 2007. 120 p.

PANHUYS, Henry. *Do desenvolvimento global aos sítios locais*. Trad. de M. Thiollent. Rio de Janeiro: Editora E-Papers, 2006.

REASON, Peter; BRADBURY, Hilary (ed.). *Handbook of Action Research*: participative inquiry and practice. London: Thousand Oaks: Sage, 2001. 468 p.

SEMPE — Seminário de Metodologia para Projetos de Extensão. Disponível em: http://www.itoi.ufrj.br/sempe/index.htm.

SHIMBO, Lúcia Zanin. *A casa é o pivô*. Mediações entre o arquiteto, o morador e a habitação rural. 2004. 204 p. Dissertação (Mestrado em Engenharia) — Departamento de Arquitetura e Urbanismo, Escola de Engenharia de São Carlos, USP-São Carlos, 2004.

TELES, Roosewelt da Silva. *Design, ergonomia e pesquisa-ação*: experiência de articulação de metodologias aplicadas na concepção ergonômica de embarcações pesqueiras na perspectiva participativa. 2000. Tese (Doutorado em Engenharia de Produção) — Programa de Engenharia de Produção/COPPE, Universidade Federal do Rio de Janeiro, Rio de Janeiro, 2000.

THIOLLENT, Michel. *Pesquisa-ação nas organizações*. 2. ed. São Paulo: Atlas, 2009.

THIOLLENT, Michel (org.). *Pesquisa-ação e projeto cooperativo na perspectiva de Henri Desroche*. São Carlos: EdUFSCar, 2006.

THIOLLENT, Michel; ARAÚJO FILHO, Targino de; GUIMARÃES, Regina Guedes Moreira; CASTELO BRANCO, Alba (org.). *Extensão universitária*: conceito, métodos, práticas. Rio de Janeiro: PR5/UFRJ, 2003.

ZAOUAL, Hassan. *Globalização e diversidade cultural*. Trad. de M. Thiollent. São Paulo: Cortez Editora, 2003 (Coleção Questões da nossa época; v. 106).

REFERÊNCIAS

BLANCHÉ, R. *Le raisonnement*. Paris: PUF, 1973.

BOURGEOIS, M.; CARRÉ, D. La gestion du changement des formes d'organisation. *In*: *Pour le dévelopement des sciences de l'organisation*. AFCET/CESTA, v. I, nov. 1982.

BRANDÃO, C. R. (org.). *Repensando a pesquisa participante*. São Paulo: Brasiliense, 1984.

CASTRO, C. M. *A prática da pesquisa*. São Paulo: McGraw-Hill do Brasil, 1977.

CHARASSE, D. Une recherche-action dans le Bassin de Longwy. *In*: MATTELART, A.; STOURDZE, Y. (org.). *Technologie, culture et communication*. Paris: Documentation Française, 1983.

CHECKLAND, P. *Systems thinking, systems practice*. Nova York: J. Wiley, 1981.

COTTAVE, R.; FAVERGE, F. La communication entre décideurs, cadres, employés et usages. *In*: *Pour le dévelopement des sciences de l'organisation*. AFCET/CESTA, v. I, nov. 1982.

DESCOMBE, V. Sur le ring philosophique. *In*: *Le Monde-Aujourd'hui*, 8 jul. 1984.

EZPELETA, J. Notas sobre pesquisa participante e construção teórica: *In*: *Em Aberto*, v. 3, n. 10, 1984.

FRANCK, R. Recherche-action, ou connaissance pour l'action. *Revue Internatio-nale d'Action Communautaire*, v. 5, n. 45, 1981.

FREIRE, P. *Conscientização*. São Paulo: Moraes, 1980.

FREIRE, P. *Ação cultural para a liberdade*. 6. ed., Rio de Janeiro: Paz e Terra, 1982.

GAJARDO, M. Pesquisa participante: propostas e projetos: *In*: BRANDÃO, C. R. (org.). *Repensando a pesquisa participante*. São Paulo: Brasiliense, 1984.

GLASS, G. V.; STANLEY, J. C. *Métodos estadísticos aplicados a las ciencias sociales*. Madri: Prentice-Hall, 1974.

GOW, D. D.; VANSANT, J. Beyond the rhetoric of rural development participation: How can it be done? *World Development*, v. 11, n. 5, 1983.

GRAMSCI, A. *Oeuvres Choisies*. Paris: Editions Sociales, 1959.

HUMBERT, C.; MERLO, J. *L'enquête conscientisante*. Paris: L'Harmattan, 1978.

JOBIM FILHO, P. *Uma metodologia para o planejamento e o desenvolvimento de sistemas de informação*. São Paulo: E. Blücher, 1979.

LE BOTERF, G. Pesquisa participante: propostas e reflexões metodológicas: *In*: BRANDÃO, C. R. (org.). *Repensando a pesquisa participante*. São Paulo: Brasiliense, 1984.

LEWIN, K. *Dinâmica de grupos*. São Paulo: Cultrix, 1973.

LIMA, M. H. de Almeida. *Serviço social e sociedade brasileira*. São Paulo: Cortez Editora, 1982.

LIU, M. Réflexions sur la recherche-action en tant que démarche de recherche, s/d., (mimeo.)

LIU, M. *L'aproche socio-technique de l'organisation*. Paris: Éditions de l'Organisation, 1982.

MAGALHÃES. L. V. *Metodologia do serviço social na América Latina*. São Paulo: Cortez Editora, 1982.

MATA, M. C. Investigar lo alternativo. *In*: *Chasqui, Revista Latinoamericana de Comunicación*, n. 1, 1981.

MATA, M. C. A pesquisa-ação na construção do alternativo. *In*: MELO, J. M. (org.). *Teoria e pesquisa em comunicação, panorama latino-americano*. São Paulo: Cortez-Intercom, 1983.

MERLO, J. *Une expérience de conscientisation par enquête en milieu populaire*. Paris: L'Harmattan, 1982.

MILLER, S. *Planejamento experimental e estatística*. Rio de Janeiro: Zahar, 1977.

ORTSMAN, O. *Changer le travail, les expériences, les méthodes, les conditions de l'expérimentation sociale*. Paris: Dunod, 1978.

PANHUYS, H. *Do desenvolvimento global aos sítios locais*. Trad. de Michel Thiollent. Rio de Janeiro: Editora E-Papers, 2006.

PERELMAN, C.; OLBRECHTS-TYTECA, L. *Traité de l'argumentation*. 3. ed. Bruxelas: Éditions de l'ULB, 1976.

RAHMAN, M. A. The theory and practice of participatory action research. *In*: *Rural Employment Policy Research Programme*. Genebra: International Labour Office, 1983.

RAHMAN, M. Participatory organizations of the rural poor. *In*: *Introduction to an ILO Programme*. Genebra: International Labour Office, 1984.

ROGERS, E. M.; SHOEMAKER, F. F. *Communication of innovations, a cross-cultural approach*. 2. ed. Nova York: Free Press, 1971.

ROSNOW, R. *Paradigms in transition, the methodology of social inquiry*. Oxford: Oxford University Press, 1981.

SALES, I. C., FERRO, J. A. S.; CARVALHO, M. N. C. Metodologia de aprendizagem da participação e organização de pequenos produtores. *Cadernos CEDES*, Cortez-Cedes, v.12, p. 32-44, 1984.

SANTOS, L. L. *Textos de Serviço Social*. São Paulo: Cortez Editora, 1982.

SAUVIN, A. Quelques doutes préalables sur la compatibilité de la recherche-action et du travail social. *Revue Internationale d'Action Communautaire*, v. 5, n. 45, 1981.

TARDIEU, H. *Pour le dévelopement des sciences de l'organisation*. AFCET/CESTA, v. I, nov. 1982.

THIOLLENT, M. *Crítica metodológica, investigação social e enquete operária*. São Paulo: Pólis, 1980a.

THIOLLENT, M. Pesquisa-ação no campo da comunicação sócio-política. *Comunicação & Sociedade*, n. 4, p. 63-79, 1980b.

THIOLLENT, M. A captação da informação nos dispositivos de pesquisa social: problemas de distorção e relevância. *Cadernos do Centro de Estudos Rurais e Urbanos* (CERU), n. 16, 1981.

THIOLLENT, M. Problemas de metodologia. *In*: FLEURY A. C. e VARGAS, N. (org.). *Organização do trabalho*. São Paulo: Atlas, 1983.

THIOLLENT, M. Notas para o debate sobre a pesquisa-ação. *In*: BRANDÃO, C. R. *Repensando a pesquisa participante*. São Paulo: Brasiliense, 1984a.

THIOLLENT, M. L'analyse des inférences pratiques dans les formes de raisonnement technologique. *In*: *Les modes de raisonnement, expertise — apprentissage*. Orsay: Association pour la Recherche Cognitive, 1984b.

THIOLLENT, M. Aspectos qualitativos da metodologia de pesquisa, com objetivos de descrição, avaliação e reconstrução. *Cadernos de Pesquisa*, Fundação Carlos Chagas, n. 49, 1984c.

THIOLLENT, M. Anotações críticas sobre difusão de tecnologia e ideologia da modernização. *Cadernos de Difusão de Tecnologia*, v. 1, n. 1, 1984d.

THOMAS, A. Generating tension for constructive change: the use and abuse of systems models. *Cybernetics and Systems*, n. 11, 1980.

TORCHELLI, J. C. Interação pesquisador-produtor: um enfoque inovador na pesquisa agropecuária. *Cadernos de Difusão de Tecnologia*, v. 1, n. 1, 1984.

VAISBICH, S. B. *Serviço Social, tipologia de diagnóstico*. 3. ed., São Paulo: Moraes. 1981.

WILDENHAHN, *Cinéma et politique*, 16/17, 1980.

ZUÑIGA, R. La recherche-action et le contrôle du savoir. *Revue Internationale* d'Action Communautaire, v. 5, n. 45, 1981.

PESQUISA EM SERVIÇO SOCIAL E TEMAS CONTEMPORÂNEOS

Denise Bomtempo Birche de Carvalho
Inez Stampa
Joana Valente Santana
Maria Liduína de Oliveira e Silva (orgs.)

256 páginas
16 x 23 cm
ISBN 978-65-5555-026-9

Esta coletânea pretende estimular produções bibliográficas da área de Serviço Social, com ênfase em temáticas que abordem as particularidades das expressões da questão social. Essa iniciativa visa fortalecer a pesquisa e a formação de recursos humanos, a inserção social e os impactos sociais econômicos, científicos e culturais, com ênfase para o planejamento, a execução, a avaliação e o monitoramento de políticas sociais.